Dieses Buch ist all jenen gewidmet, die ständig auf dem Sprung sind, hart arbeiten und sich und ihre Familien so gut wie irgend möglich ernähren wollen. Und auch allen, denen vom Lesen winzig gedruckter (häufig unverständlicher) Zutatenlisten auf Lebensmittelverpackungen die Augen tränen. Wir empfehlen dieses Buch außerdem jedem, dem es nicht gut geht und hoffen, dass unsere Brühen und Suppen den Heilungs- bzw. Genesungsprozess unterstützen und dieses Wohlbefinden erzeugen, das nur eine gute Suppe einem zu verschaffen mag.

Wir haben nur diesen einen Körper. Und damit es uns gut geht, müssen wir pfleglich mit uns umgehen. Gleich, ob Sie durch Forschung, Erziehung, Krankheit oder Eingebung darauf gekommen sind, wie wichtig gute Ernährung ist – wir freuen uns über jeden, der Heilung und Wohlbefinden gesucht und beides mit unseren Suppen gefunden hat.

Und natürlich möchten wir dieses Buch auch unseren Ehemännern und Kindern widmen, die uns Tag für Tag motivieren und inspirieren.

INHALT

VORWORT*

Wer möchte nicht besser essen, sich besser fühlen und mehr Energie haben? Wir alle wollen gern jeden Tag körperlich, geistig und seelisch auf der Höhe sein, auch wenn wir wissen, dass viele liebgewonnene Gewohnheiten uns daran hindern. Sie boykottieren geradezu den Willen und die Fähigkeit zu optimaler Gesundheit. Genau wie Sie habe ich viele Bücher über Ernährung, Gesundheit und Fitness gelesen. Dazu Dutzende von Artikeln, welche die Zunahme von Übergewicht, Diabetes, Stress und all der damit verbundenen Gesundheitsrisiken beklagen.

Leider ist unser homöostatisches System – die inneren Nahrungsaufnahme- und Regelsignale, die der Körper ans Gehirn sendet – so komplex, dass es vielen Menschen schwerfällt, ein gesundes Körpergewicht zu erreichen bzw. beizubehalten. Was die Sache noch schlimmer macht: Oft schaffen wir es nicht, genug von den Lebensmitteln zu integrieren, welche die körpereigene Wärmeproduktion maximieren. Diese kann nämlich die Energielevel und den Stoffwechsel ankurbeln, indem sie dafür sorgt, dass Nahrung effizienter verwertet und so die Fetteinlagerung verringert wird.

In jedem Alter ist es wichtig, eine Balance zwischen Körper, Geist und Verhalten zu finden. Das hilft chronischen Erkrankungen vorzubeugen und fördert die ganzheitliche Gesundheit. Wie für vieles im Leben, so gilt auch hier: Vorbeugen ist besser als Heilen.

Ich forsche seit 2010 mit meinen Kollegen am Massachusetts General Hospital und an der Harvard Medical School an der Erweiterung der Forschung in der integrativen Medizin, insbesondere bei Jugendlichen mit Angststörungen und stressbedingten Auffälligkeiten. In meiner privaten Praxis arbeite ich nach den Prinzipien der funktionellen Medizin, um viele andere allge-

*von Nada Milosavljevic, *Director, Integrative Health Program, Massachusetts General Hospital Instructor, Harvard Medical School, Boston, Massachusetts, Mai 2015*

meine und chronische medizinische Beschwerden zu behandeln. Oft stellen wir fest, dass eine Reihe kleiner Anpassungen eine langfristige Veränderung und eine insgesamt gesündere Lebensweise zur Folge haben. Eine dieser Anpassungen besteht im Souping – Mahlzeiten durch Suppen zu ersetzen, so wie es in diesem Buch beschrieben wird. Mir gefällt besonders daran, dass Viviennes und Angelas Tipps eher Empfehlungen als Verbote sind, auch wenn von den üblichen Verdächtigen unter den schlechten Angewohnheiten – Alkohol, Fertigprodukten, raffiniertem Zucker und Ähnlichem – natürlich abgeraten wird. Betrachten Sie die vorgeschlagenen Lebensmittel und Strategien als evolutionär und nicht als revolutionär, das macht die Sache leichter. In diesem Buch werden Sie nicht aufgefordert, Ihren Stoffwechsel zu schocken oder sich in Ihre Kleider zu hungern, was ja beides gesunden Essgewohnheiten abträglich ist.

Souping ist ein einfacher und kostengünstiger Weg, Entzündungen, Herzerkrankungen sowie unerwünschte Gewichtszunahme, Abgeschlagenheit und Gelenkschmerzen zu bekämpfen und strahlende Haut, glänzendes Haar, verbessertes Gedächtnis, gute Nerven, Regeneration der inneren Organe und mehr natürliche Energie zu fördern. Ich erinnere meine Patienten gern daran, dass niemand perfekt ist. In diesem Buch geht es auch nicht um Perfektion; es geht um Ausgewogenheit und gesunden Menschenverstand, darum, die körpereigenen Heil- und Abwehrkräfte zu stärken, und darum, die Gesundheit auf zellulärer Ebene zu unterstützen. Es geht darum, mehr hochwertige Proteine, Ballaststoffe und vollwertige Lebensmittel in die Ernährung zu integrieren, um die beste Verwertung sicherzustellen.

Wenn Sie diese köstlichen und leicht zuzubereitenden Lebensmittel für Ihr Essen wählen, tun Sie den ersten Schritt in Richtung Verbesserung sowohl akuter und chronischer Erkrankungen. Echtes Essen. Echte Ernährung. Echte Gesundheit.

VIEL VERGNÜGEN!

GESUNDHEIT ZUM LÖFFELN

Unsere Suppen-Firma Soupure haben wir nicht allein deshalb gegründet, weil wir eine bessere Cleanse-Möglichkeit anbieten wollten, also eine bessere Reinigungs- bzw. Detox-Methode als die bisher üblichen. Eigentlich glauben wir nämlich gar nicht, dass unsere Körper von Natur aus vergiftet sind oder dass ein einigermaßen gesunder Mensch gezwungen werden sollte, Arterien und Gedärm zu spülen, um irgendwelche grauenhaften Plaques oder Schlacken loszuwerden. Wir wollten einfach nur bessere Suppen und ein gesünderes Essen anbieten. Wir beide lieben Suppen über alles – sie können heilsam, wohltuend, wärmend, kühlend, süß oder herzhaft sein. Und das Beste ist: Man kann sie überallhin mitnehmen. Doch irgendwann hatten wir keine Lust mehr, im Handel oder in Restaurants nach Suppen zu suchen, die nicht Mengen von Salz, Zucker, Sahne, Füllstoffen, Konservierungsstoffen und anderen Seltsamkeiten enthielten. Hatten wir einmal eine Suppe gefunden, die nicht Unmengen an Zusatzstoffen mitlieferte, dann schmeckte sie oft wie ein wässeriger Gemüseaufguss. Sicher, wir mögen Gemüse, aber selbst der hartgesottenste Pflanzenfresser weigert sich, ungewürztes, lieblos behandeltes Gemüse zu essen, und schon gar nicht, wenn es in flüssiger Form wie Abwaschwasser schmeckt.

Seltsamerweise kamen wir beide gleichzeitig zu dem Schluss, dass wir mit dem gegenwärtigen Status unserer Schnellverpflegung unzufrieden waren, und zwar so sehr, dass wir etwas daran ändern wollten. Angela war damals im Finanzsektor tätig, Vivienne arbeitete als Anwältin. Wir waren uns fast 15 Jahre zuvor begegnet, als unsere ältesten Kinder denselben Kindergarten besuchten, und blieben seitdem in Verbindung, trafen uns zum Essen oder um die Kinder miteinander spielen zu lassen. Bei einem dieser Treffen (zufällig bei einem enttäuschenden Teller Suppe) stellten wir fest, dass wir die gleichen Vorstellungen davon hatten, was gesund ist: Maßhalten, in Kontakt mit dem eigenen Körper bleiben und nichts völlig verbieten. Wir beklagten, wie schwierig es geworden ist, wohlschmeckende, nahrhafte Suppen zu bekommen, und fragten uns, warum niemand sie anbietet. Wir beide waren von der Heilkraft nährstoffreicher Superfoods, insbesondere Knochenbrühen, überzeugt und hielten es für notwendiger denn je, sie unseren Körpern zukommen zu lassen. Außerdem wollten wir auch unseren Kindern das Rüstzeug für eine gesunde Ernährung mitgeben.

Sechs Monate später kündigten wir beide unsere sicheren Arbeitsplätze, um »Gesundheit zum Löffeln« (wie Vivienne es nennt) zu kreieren – wirklich köstliche Suppen ohne Milchprodukte, genetisch modifizierte Organismen (GMO) und Konservierungsstoffe, aber zu 100 Prozent bekömmlich, aus vollwertigen Zutaten und ohne schlechte Sachen drin. Wir wollten süße und herzhafte, kalte und heiße Suppen anbieten. Sie könnten für einen ein-, drei- oder fünftägigen Cleanse verwendet werden oder als Ergänzung der täglichen Ernährung dienen, etwa als Stärkung nach einem Workout oder als (besseres) Mittag- oder Abendessen. Vor allem aber wollten wir ein nahrhaftes, gesundes, hochwertiges, leicht transportierbares Produkt ins Leben rufen, an dem unsere Familien, Freunde und – hoffentlich – fast jeder andere Freude haben könnte.

Eine wichtige Motivation, die Firma Soupure zu gründen, war unsere Vermutung, dass zwischen Ernährung und unserer Gesundheit ein starker Zusammenhang besteht. Viviennes Vater war ein eineiiger Zwilling. Er erkrankte an Krebs, sein Bruder nicht. Eine genetische Veranlagung ist da nicht ersichtlich. Sie begann also darüber nachzudenken, ob nicht unsere Umwelt und die Art, wie sie auf den Körper wirkt, eine Rolle spielt. Außerdem konnten wir beide, als Frauen mittleren Alters, nicht fassen, wie viele unserer Altersgenossinnen glaubten, nach Hochzeit, Kinderkriegen und jahrelanger Passivität sei es zu spät dafür, sich großartig zu fühlen. Sie hatten nicht nur das Gefühl, müde, dick oder erschöpft auszusehen, sie hatten sich mental einfach dem Altern überlassen und glaubten, dass es normal sei, nach 40 aus der Form zu geraten. Sie sagten dann Sachen wie »Damals, zu meiner Zeit …« Geht es Ihnen auch so? Dann bedenken Sie: Es ist noch Ihre Zeit! Indem Sie Ihren Organismus mit Mineralstoffen, Vitaminen, sekundären Pflanzenstoffen

9

und anderen wichtigen Nährstoffen versorgen, legen Sie den Grundstein dafür, bis ins hohe Alter fit und gesund zu bleiben.

Weil wir herausfinden wollten, wie wir mit unseren Suppen so vielen Menschen wie möglich helfen könnten, wandten wir uns an die Naturheilkundlerin Whimsy Anderson, eine Ärztin, die in Los Angeles ganzheitliche Medizin praktiziert. Wir baten sie, die häufigsten Beschwerden, Krankheiten und allgemeinen Anzeichen für schlechte Gesundheit zu beschreiben, denen sie in ihrer Praxis begegnete. Von den Ergebnissen sind wir nicht wirklich überrascht – es war die gleiche Ansammlung von Kümmernissen, die wir ständig von Freunden und Familienmitgliedern, aber auch in der Öffentlichkeit zu hören bekamen: Verdauungsbeschwerden, Gelenkschmerzen oder Arthritis, Übergewicht, schwache Abwehrkräfte, Erschöpfung, Herzbeschwerden, Hormonschwankungen, Diabetes und andere chronische Zustände. Man brauchte nur mal in Nachrichtensendungen oder Fernsehshows hineinzuschauen, um zu merken, dass es mit der allgemeinen Gesundheit bergab geht. Kürzlich berichtete das Wall Street Journal, dass etwa zwei Drittel der amerikanischen Erwachsenen – 155 Millionen Menschen – übergewichtig oder fettsüchtig sind. Etwa die Hälfte von ihnen hat zumindest eine vermeidbare Krankheit, einschließlich Herz-Kreislauf-Erkrankungen und Typ-2-Diabetes. Die Hauptauslöser? Schlechte Ernährungsgewohnheiten und zu wenig Bewegung.

Wir nahmen also Dr. Andersons Liste und machten sie zur Grundlage unseres Vorhabens. Wir begannen, heilende Suppen zu kreieren. Und wir entwarfen einen Ernährungsplan, der dem Körper alles bietet, was er braucht, insbesondere Mineral- und Nährstoffe, von denen die meisten Menschen täglich zu wenig aufnehmen. Wir sahen uns an, auf wie unterschiedliche Weise vollwertige Zutaten kurieren, aufbauen und regenerieren können. So entstand unsere neue Einkaufsliste (die wir Ihnen zur Verfügung stellen werden). Wir wollten, dass die Rezepte so unkompliziert wie möglich sind. Deshalb unterbreiteten wir unsere Erkenntnisse einigen Profiköchen und -köchinnen, um herauszufinden, ob jemand darunter ist, dessen kulinarische Vision sich mit unserer deckt. In Joli Robinson und Kelsey De Gracia fanden wir schließlich unser Super-Duo. Sie verbanden ihre persönlichen Leidenschaften für ganzheitliches Heilen mit ernährungsbasierter Medizin, um uns bei der Erfüllung unserer Wünsche zu helfen. Anschließend ließen wir unsere Zaubertränke von einer Ernährungswissenschaftlerin – der großartigen, klugen Marlyn Diaz – analysieren, um zu klären, ob sie ernährungstechnisch in Ordnung waren. Danach wurde optimiert, hinzugefügt, verworfen und gemixt. Unser gemeinsames Ziel war es, nicht nur ein Produkt anzubieten, das allen anderen uns bekannten Produkten überlegen war, sondern etwas, von dem wir sicher sein konnten, dass es das Leben vieler Menschen verändern könnte. Während wir dieses Buch schrieben, griffen wir erneut auf ihre Sachkenntnis zurück, damit wir unsere Leidenschaft für diese Suppen und Soup-Cleanses mit ihrem Knowhow untermauern konnten.

Nachdem Soupure gestartet war, geschah etwas Wunderbares: Menschen begannen, sich besser zu fühlen. Unsere E-Mail-Postfächer und Anrufbeantworter liefen über mit Nachrichten von Kunden, die uns berichteten, dass ihre Hautprobleme verschwunden oder ihre chronischen Symptome abgeklungen waren, dass sie abnahmen, weniger Medikamente brauchten, besser aussahen, energiegeladener und glücklicher waren. Sie fühlten sich weniger aufgebläht, hatten regelmäßigeren Stuhlgang, ihre Bäuche waren flacher und sie konnten klarer denken. Diejenigen, die ihr Leben lang Verdauungsprobleme hatten, sagten, dass ihre Symptome verschwunden waren. Andere, die wegen Krebserkrankungen auf Medikamente angewiesen waren und kaum etwas Essbares bei sich behalten konnten, sagten, dass sie sich endlich genährt und gesättigt fühlten. Unsere Freundin Anne war ihre nächtlichen Muskelkrämpfe losgeworden und konnte endlich wieder richtig schlafen. Doch erst als Angelas Freundin Michelle sagte, ihr Yogalehrer hätte sie gefragt, was sie anders machen würde, sie hätte so strahlende Haut – und der einzige Grund dafür war, dass sie regelmäßig unsere Produkte konsumierte –, wussten wir, dass wir auf dem richtigen Weg waren.

Eine der Fragen, die uns am häufigsten gestellt wurden, war »Warum nicht Saft?« Bevor wir mit unserer Firma loslegten, hatten wir über den Trend zu Saft-Cleanses und die Behauptungen dazu nachgedacht: das Eliminieren von Giftstoffen, die Förderung von Heilung, Wiederaufbau und Verjüngung, die Möglichkeit, endlich wieder in diese engen Jeans zu passen. Wir wissen, dass viele ihre frisch gepressten Säfte lieben. Und wir verstehen auch, warum – diesen leuchtend bunten Flaschen und den damit verbundenen Versprechen kann man nur schwer widerstehen. Wir trinken beide frisch gepressten Saft und finden ihn als gelegentliches Getränk ganz okay. Die persönliche Enttäuschung aber stellte sich ein, als wir diese Säfte als Cleanse oder Mahlzeitenersatz zu uns nahmen. Es ging uns einfach nicht gut, wir fühlten uns zittrig, unruhig, unausgeglichen und schlapp – klassische Anzeichen für eine Überzuckerung! Und dann war da noch dieses Hungergefühl. Wir bezahlten tatsächlich dafür, hungrig zu sein. Aus den gleichen Gründen waren auch unsere Freunde während ihrer Cleanses völlig fertig. Sie konnten keinen Sport mehr machen und mussten sich manchmal sogar bei der Arbeit krank melden, weil sie es nicht mehr aus dem Haus schafften. Wir verstehen, warum es wichtig ist, täglich Obst und Gemüse zu essen, aber zu viel Saft ohne die Ballaststoffe ist für niemanden gut (dazu später mehr). Der Körper braucht Ballaststoffe – warum also versucht man so verzweifelt, sie zu entfernen? Außerdem hängen wir an den guten Bakterien und Enzymen in unserem Verdauungstrakt, ehrlich – wir wollen nicht, dass sie rausgespült werden! Darüber hinaus glauben wir nicht, dass man leiden muss, damit es einem gut geht. Und wir konnten einfach nicht verstehen, warum wir das, was an Pflanzen so ziemlich das Beste ist, wegwerfen sollten: die Ballaststoffe! Wir werden noch näher darauf eingehen, warum grobe Nahrung gut für die Gesundheit ist. Hier reicht der Hinweis, dass ganze Pflanzen nicht ohne Grund so gebaut sind, wie sie es nun einmal sind.

Menschen suchen häufig nach einer speziellen Ernährungsweise – raw, vegan, paleo, und so weiter – und meist halten sie sich an das, was gerade im Trend liegt. Das ist wohl der Grund dafür, dass es mit der Cleanse-Bewegung überhaupt losging. Wir glauben, dass die beste Art zu cleansen darin besteht, nichts Verarbeitetes oder Raffiniertes mehr zu essen und zu trinken und mehr nährstoffreiche, vollwertige Lebensmittel zu sich zu nehmen. Beim Entwickeln unserer Suppen wurde uns klar, dass gesunde Ernährung nicht in eine Schublade passt. Essen ist nicht nur »gut« oder »schlecht«. Tierische Lebensmittel können genauso heilsam sein wie pflanzliche. Obst ist kein Teufelswerk, und (natürlicher) Zucker ist es auch nicht. Einige Pflanzen sollte man besser garen, andere roh essen. Fett ist Ihr Freund! Diese neu gewonnene Erkenntnis ließ uns alles infrage stellen, was wir über Lebensmittel, Diäten und Cleansing zu wissen glaubten.

Unsere Vorstellungen von Diät als etwas, das beispielsweise mit strengem Kalorienzählen und/oder Verboten von bestimmten Lebensmitteln einhergeht, konnten wir mithilfe von Ernährungsexperten revidieren. Wir sind zu der Überzeugung gekommen, dass man mit vollwertigen Lebensmitteln, die clean und ballaststoffreich sind, das wirkungsvollste Cleanse-System der Welt gestaltet. Uns wurde klar, dass wir vielleicht einen neuen Cleanse-Trend gefunden hatten: Balance.

KOMMT IHNEN DAS BEKANNT VOR?

DIES SIND LAUT DER HEILPRAKTIKERIN WHIMSY ANDERSON DIE THEMEN UND BESCHWERDEN, DIE IHRE PATIENTEN AM MEISTEN BESCHÄFTIGEN BZW. BELASTEN UND BEI DENEN UNSERE SUPPEN NÜTZLICH SEIN KÖNNEN.

- ANGSTZUSTÄNDE, DEPRESSIONEN, PANIKATTACKEN, SCHLAFSTÖRUNGEN, EXTREME ERSCHÖPFUNG: typische Probleme von Menschen, die von ihrem Alltag überfordert sind.

- HORMONSCHWANKUNGEN UND HORMONERSATZ-THERAPIEN: betrifft Frauen ab Anfang 40 bis Ende 60 sowie Frauen, die schwanger werden möchten oder gerade entbunden haben.

- GEWICHTSPROBLEME: belastet Personen, die nur mit Mühe das Idealgewicht halten können und eine lebenslange, nachhaltige Lösung suchen.

- VERDAUUNGSBESCHWERDEN: Darunter leiden zahlreiche Menschen.

- ÜBELKEIT UND ERBRECHEN (AUCH SCHWANGER-SCHAFTSERBRECHEN) sowie DYSBIOSE (schlechte Verdauung, weil das gastrointestinale System von zu vielen schädlichen Bakterien besiedelt ist). Zu dieser Art von Beschwerden gehören beispielsweise REFLUX und PANKREAS-INSUFFIZIENZ.

- **ARTHRITIS UND GELENKSCHMERZEN:** häufig bei Menschen über 40, aber auch bei jungen Sportlern zu beobachten.

- **STÄRKUNG DES IMMUNSYSTEMS:** reicht von der Erkältungsvorbeugung bis zu Fragen zu Immunstatus und Krebsrisiko.

- **ANTIAGING:** ein Thema für alle, die nach Mitteln suchen, die den Alterungsprozess verlangsamen und sich um jüngeres, frischeres Aussehen sorgen.

- **ENTZÜNDUNGSPROZESSE UND AUTOIMMUNERKRANKUNGEN:** einschließlich Lupus, rheumatoide Arthritis, Multiple Sklerose, chronisch-entzündliche Darmerkrankungen (CED), Typ-1-Diabetes und Psoriasis.

- **KORONARE HERZKRANKHEIT:** beschäftigt sowohl Personen, die bereits einen Herzinfarkt hatten oder einem solchen vorbeugen wollen, als auch diejenigen mit Bluthochdruck und/oder hohen Cholesterinwerten.

- **KREBS:** der Wunsch nach vorbeugenden Maßnahmen, alternativer Medizin oder begleitender Therapie zusätzlich zu konventionellen Behandlungen.

- **TYP-2-DIABETES UND METABOLISCHES SYNDROM:** epidemische Erkrankungen, die oft von massivem Übergewicht verursacht werden.

- **ENTGIFTUNG:** der Wunsch nach Entgiftung von Leber, Nieren und Verdauungstrakt, um viele Vorteile für die Gesundheit zu ernten, einschließlich Linderung der meisten, wenn nicht aller Beschwerden auf dieser Liste.

Okay, wir behaupten nicht, den Stein der Weisen gefunden zu haben – wir machen Suppe! Aber wir sind davon überzeugt, dass eine cleane und ausgewogene Ernährung viel dazu beiträgt, gesundheitliche Beeinträchtigungen zu lindern – vom kleinen Wehwehchen bis zu ernsten und chronischen Erkrankungen. Wir möchten wetten, dass Sie, während Sie dieses Buch lesen, sich nicht so gut fühlen, wie sie gern möchten. Und dass Sie es leid sind, ständig erzählt zu bekommen, dass Sie hungern und auf Speisen verzichten müssen, die gut schmecken und die Sie gern essen, um abzunehmen oder sich wieder besser zu fühlen. Wir meinen, dass Sie schon genug gelitten haben, wenn Sie krank, müde oder ausgebrannt sind. Den Körper zu nähren bedeutet geben, nicht wegnehmen. Es bedeutet, Zellen, Organen, Blut und Geweben alle Nährstoffe zu geben, die sie für ihr Wohlergehen benötigen. Es bedeutet, sich selbst Lebensmittel zu geben, die zufriedenstellen, inspirieren und einfach gut schmecken. Und es bedeutet, sich selbst das Leben und den Körper zu geben, den man sich schon immer gewünscht hat. Im Endeffekt ist eine ausgewogene, ballaststoffreiche Ernährung aus vollwertigen frischen Zutaten die beste, natürlichste Methode zum Reinigen und Entgiften. Sie erhöht Geschwindigkeit und Leistungsfähigkeit des Verdauungssystems und hilft den Organen dabei, den Körper von innerlichen und umweltbedingten Schadstoffen zu befreien. Warum also Geld in teure Abnehmprodukte oder -systeme investieren, wenn man es in der Gemüseabteilung ausgeben und so dem Körper alles geben kann, was er braucht, um zu entgiften und optimal zu funktionieren?

Friede, Freude, Suppe

Viviennes Geschichte

Auf der Highschool und im College litt ich an einer Essstörung. Doch auch, als es mir wieder besser ging, hatte ich Probleme mit so einer »Ich esse alles oder gar nichts«-Attitüde. Ständig war ich auf der Suche nach einer ausgewogenen, versöhnlichen Ernährungsweise.

Inzwischen war mein Leben unglaublich hektisch geworden. Ich arbeitete in einer großen Anwaltskanzlei, dann in einem Studio als Fachanwältin für Medienrecht, hatte drei Kinder und einen krebskranken Vater. Für die Zubereitung von Speisen, die ich essen sollte, hatte ich keine Zeit. Und wenn man keine Zeit hat, gesund zu kochen, aber schnell etwas Leckeres essen will, greift man oft zur Chipstüte. Man kann sich ja nicht einfach einen Brokkoli oder ein paar Grünkohlblätter schnappen. Nun, man könnte, aber es würde nicht besonders gut schmecken. Außerdem wollte ich nicht, dass meine Tochter dieselben Fehler macht wie ich früher. Das bedeutete, Ernährungsoptionen anzubieten, die nicht nur gesund, sondern auch bequem sind, und, was noch wichtiger ist, ausgewogen. Verzicht hat mit Gesundheit nichts zu tun. Und Essen nichts mit einem nicht enden wollenden Überangebot an Blattgemüse und Misobrühe. Für mich bedeutet Gesundheit, grundsätzlich gesund zu essen – und sich nicht fertigzumachen, wenn man doch mal Kuchen, Kekse oder Burger gegessen hat.

Während dieser Zeit beobachtete ich, dass viele Leute frisch gepresste Säfte kauften und sie für einen Cleanse einsetzten. So viele Menschen können sich nicht irren, dachte ich und unternahm einige Saft-Cleanses – immer wenn ich abnehmen oder entschlacken wollte –, aber Freude hatte ich daran nicht. Normalerweise treibe ich jeden Tag Sport (etwa Wandern, Yoga, Spinning, oder ich laufe mit den Hunden), aber wenn ich beim Saft-Cleanse war, hatte ich keine Lust dazu. Ich hatte Kopfschmerzen, war apathisch und fahrig (wegen des vielen Zuckers aus all dem von Ballaststoffen befreiten Obst und Gemüse), aber nie satt. Ich nahm zwar ab, aber es fühlte sich an wie Verhungern, und das war ein hoher Preis für die »Belohnung«. (Und nicht nur das, ich nahm auch noch alles wieder zu, sobald ich zu meinen üblichen Essgewohnheiten zurückkehrte.) Ich wünschte mir alles, was ich über Saft-Cleanses gelesen hatte – Giftstoffe ausschwemmen, dem Körper eine Verdauungspause gönnen, damit er regeneriert und heilt, Wasseransammlungen und Völlegefühl loswerden –, zu erreichen, aber mit »echten«, vollwertigen Lebensmitteln, in welcher Form auch immer, Hauptsache, sie sind so weit aufgeschlossen, dass man die Nährstoffe aufnehmen kann.

Damals begann ich, über Suppen nachzudenken. In Restaurants bestellte ich immer eine Suppe; sie war wohltuend und angenehm sättigend. Aber die einzigen Suppen, die ich jeden Tag hätte bekommen können, waren versalzen, aber »to go«, oder ungewürzt und wässrig, aber »gesund«. Eines Tages ging ich die Straße entlang und kam an einem Saft-Laden vorbei, vor dem sich eine Menschenschlange gebildet hatte. Da ging mir ein Licht auf. Ich dachte mir: »Was wäre, wenn ich ein Unternehmen gründen würde, das heiße und kalte, köstliche und nahrhafte Suppen aus vollwertigen Zutaten anbieten würde? Und was, wenn sie ganz einfach zu transportieren wären? Wenn man sie statt in Tassen oder Schalen in Glasflaschen verpacken würde und die Leute sie dann genauso behandeln würden wie die gewohnten Säfte? Wenn man Suppen so kombinieren würde, dass sie das Verdauungssystem dabei unterstützen, sich auf natürliche Weise zu reinigen und zu regenerieren?«

Eines Tages traf ich mich mit meiner Freundin Angela zum Essen und erzählte ihr von dieser Idee. Kaum zu glauben: Ich war nicht die einzige, die sich eine solche Lösung wünschte. Nachdem Angela und ich Soupure gegründet hatten, konnten wir mit der Nachfrage kaum Schritt halten. Der einzige

Nachteil, wenn man aus seiner Leidenschaft für Suppen ein Geschäft macht, ist, dass man ständig ausverkauft ist und ich nicht an die Suppen komme, die ich gern hätte. Aber wenn ich sie zur Verfügung habe und für einen Cleanse einsetze – auch wenn es nur für einen Tag ist –, fühle ich mich viel besser. Ich habe mehr Energie, mein Bauch ist etwas flacher und mein Kopf klarer. Normalerweise muss ich wegen meines Reizdarms etwas einnehmen, aber wenn ich die Suppen esse, brauche ich nichts. Aber noch wichtiger ist, dass mir dadurch viel bewusster wurde, was ich essen muss, damit es mir gutgeht, und ich gelernt habe, das auch meiner Familie zu vermitteln.

Angelas Geschichte

Suppen mochte ich schon immer, und zu Hause kochte ich sie literweise, egal ob Hühnersuppen oder Gemüsepürees. Aber einen extrem gut bezahlten Job aufzugeben, um eine Suppenfirma zu gründen – das war sicher nichts, was ich schon immer vorhatte.

Eigentlich war ich, wenn es um gesunde Ernährung ging, immer eine Suchende, aber während meiner Highschool- und College-Zeit habe ich mich fast weggehungert. Deshalb wollte ich als Erwachsene zu ausgeglichenen Ernährungsgewohnheiten finden, die unterstützen, wie ich aussehen wollte, mir aber das Gefühl geben, gut ernährt zu sein. Mit diesem Ziel im Hinterkopf begann mein Weg zu Soupure. Doch in Wirklichkeit fing alles mit meinen Kindern an.

Zuerst hatte mein Sohn Hudson eine Erkältung. Also besorgte ich ihm Hühnersuppe aus einem jüdischen Lebensmittelladen. Nachdem die Suppe über Nacht im Kühlschrank gestanden hatte, bemerkte ich, dass sie nicht geliert war – ein deutliches Zeichen dafür, dass sie nicht mit den Knochen gekocht worden war. Also rief ich ein paar Lebensmittelläden an und, klar, keiner machte sie mit Knochen. Aber die sind es, weswegen Hühnersuppe jüdisches Penicillin genannt wird! Niemals bekommt man all das Biotin, Kollagen und die Nährstoffe, wenn man die Hühnerknochen nicht mindestens drei bis vier Stunden auskocht.

Später wollte meine Tochter Jacqlyn unbedingt eine gesunde, laktosefreie Tomaten-Basilikum-Suppe haben. Ich hatte kein gutes Rezept dafür, also ging ich in den Supermarkt, um zu sehen, ob ich dort etwas finden würde. Dort gab es aber praktisch keine Variante, die nicht irgendwelche Zusatz- oder Konservierungsstoffe enthält. Selbst die Firmen, die ihre Produkte als biologisch und total natürlich anpriesen, hatten üblicherweise Sahne an zweiter oder dritter Stelle der Zutatenliste. In einem auf »clean food« spezialisierten Restaurant wurde ich schließlich fündig, aber deren Suppe schmeckte wie verdünntes Tomatenmark. Ich wusste, dass es eine Möglichkeit geben musste, sie besser zu machen. Suppe braucht keine Sahne, um gut zu schmecken. Und seien wir mal ehrlich: Wir, die wir uns im Restaurant für Suppe entscheiden, wir wollen gesund essen, aber wollen wir Sahne? Wenn ich Sahne will, bestelle ich Hummercremesuppe.

Dann kam das dritte Ereignis: Angeführt von meiner Tochter Sabrina schleppten mich meine Kinder zu einem Saftstand, und ich bestellte einen Zitrussaft. Ich hatte vielleicht einen Viertelliter getrunken, da bildeten sich auf meiner Oberlippe Schweißperlen, und mir wurde komisch. Ein deutliches Zeichen, dass mein Körper, der an Zucker nicht gewöhnt war, eine Überdosis davon bekommen hatte. Als ich wieder zu Hause war, recherchierte ich ein bisschen und fand heraus, dass eine kleine Flasche frisch gepresster Saft volle 39 Gramm freien Zucker enthalten kann. Fast so viel wie eine Packung Chocolate Chip Cookies! Ich kam wirklich ins Grübeln. Gäbe es vielleicht eine bessere Möglichkeit, all diese Nährstoffe zu sich zu nehmen? Und musste es wirklich immer so mühsam sein, sich gesund zu ernähren und auf die Figur zu achten?

Mir wurde klar, dass ich mit Suppen und all ihren Vorteilen – leicht mitzunehmen, voller Obst und Gemüse, sofort verfügbar und altbewährt – ein echtes Bedürfnis befriedigen könnte, nicht nur des Marktes, sondern auch meines eigenen Kühlschranks. Als Vivienne und ich merkten, dass wir dieselbe Vision hatten, war der Rest ein Kinderspiel.

Seit ich diese Suppen in mein Leben integriert habe, fühle ich mich reiner, gesünder und energiegeladener (was kaum zu glauben ist, nennt man mich doch Duracell-Bunny, aber ja, ich habe noch mehr Energie). Während ich üblicherweise in die Routine verfalle, jeden Tag oder jede Woche das Gleiche zu essen, schaffe ich es mit den Suppen, dank einer Vielzahl von Obst, Gemüse, Hülsenfrüchten, Saaten, Nüssen, Gewürzen und Kräutern, täglich bis zu 100 verschiedene Nährstoffe zu mir zu nehmen.

Und meine Kinder mögen die Suppen auch. Selbst wenn sie nörgeln, weil sie vor der Schule frühstücken sollen, weiß ich, dass ich sie zu einem Superhero Smoothie überreden kann, mit dem sie etwas Gesundes bekommen (das zufällig auch Nervennahrung ist und ihnen hilft, in der Schule und beim Sport Leistung zu bringen und sich zu konzentrieren). Und anstelle von Iso-Drinks, die beim Training irgendwie alle trinken, können sie nun eine Energize haben (das ist unser Erdbeer-Cashew-Smoothie) oder einen Refresh mit Gurken, Melone und Dillpollen, der tonnenweise Vitamine und Mineralstoffe enthält, aber keine Konservierungs- und Farbstoffe und nichts Künstliches – für die Kids schmeckt das wie ein köstlicher Smoothie, und sie mögen es richtig gern. Es war eine große Chance, meiner Familie gesündere Optionen zu bieten, und eine sichere Bank für gesunde Ernährung, egal, wie das Leben auch spielt. Ich hätte nie gedacht, dass ich mich einmal aus der Finanzwelt zurückziehen würde, aber bessere Ernährung und gesunde Alternativen zum Fastfood für meine Kinder zu finden, die ja ständig unterwegs sind, wurde zur Priorität. Sie vor den Fallen verrückter Diäten zu bewahren und eine bessere Möglichkeit zu finden, wie ihre Körper sich vom Sport erholen können, war ein Muss. Nun, mit Soupure und diesem Buch, möchte ich unsere Suppen für jeden verfügbar machen, damit alle sich besser, gesünder und glücklicher fühlen.

DAS GUTE,
DAS SCHLECHTE,
DIE LÖSUNG

GESUND SEIN IN EINER TOXISCHEN WELT

Wir wissen, dass Sie es kaum erwarten können, kopfüber in unser Programm und die Welt der Suppen einzutauchen – das würde uns genauso gehen! Aber vorher ist es wichtig zu begreifen, warum Cleansing auf Grundlage vollwertiger Lebensmittel von so großer Bedeutung ist und warum Ihr Leben sich verändern wird, wenn diese Suppen Teil Ihrer Ernährung werden.

Um dem auf den Grund zu gehen, was so gesund ist, sollten wir zunächst darüber reden, was *ungesund* ist: Chemikalien, Pestizide, synthetische Hormone, Zusatz- und Füllstoffe, nachgemachte Vitamine, nachgemachte Nährstoffe, nachgemachte Lebensmittel und Schadstoffe, Schadstoffe, Schadstoffe. Also im Grunde genommen alles oder zumindest eine ganze Menge davon, was Sie bis jetzt Ihrem Körper zugeführt haben.

Wir machen Ihnen keinen Vorwurf: Die Lebensmittelindustrie gibt wahnsinnig viel Geld dafür aus, uns davon zu überzeugen, dass wir alle Vitamine und Nährstoffe bekommen, wenn wir nur Produkt X oder Produkt Y kaufen. Kalorienarm! Weniger Fett! Mehr Ballaststoffe! Glauben Sie das wirklich? Wahr ist: Kämen unsere Vorfahren heute zurück und fänden sich in einem Supermarkt wieder, würden sie vermutlich nichts von dem, was dort angeboten wird, erkennen. Die Menschheit begann ihr Dasein auf diesem Planeten nicht mit großen Lebensmittelfabriken, stimmt's? Unsere Vorfahren haben Beeren und Nüsse gesammelt, Tiere getötet, gefischt und ihre eigenen Lebensmittel angebaut.

Wir sehen es gern so: Was keine Mutter hat oder nicht auf der Erde gewachsen ist, ist meist weder natürlich noch gesund. So betrachtet, sind die meisten unserer Lebensmittel keine Lebens-Mittel mehr; ein Grund dafür, dass das Verlangen nach Bio-Lebensmitteln aufkam. Als es noch keine Lebensmittelindustrie gab und wir unser Land und unser Essen noch nicht vergifteten, dachte niemand an Bio-Lebensmittel. Heute verwenden wir Pestizide, Chemikalien und Hormone, damit unser Obst, unser Gemüse und unsere Tiere schneller wachsen.

Diese in den Pseudolebensmitteln enthaltenen Stoffe richten in Ihrem Körper ungeheuren Schaden an. Sie beeinträchtigen den Verdauungstrakt, das Immunsystem, die Atemwege und sogar Ihr Gehirn! Es ist kein Wunder, dass immer mehr Menschen übergewichtig sind, Allergien und Autoimmunerkrankungen zunehmen und Zustände wie chronisches Erschöpfungssyndrom, Fibromyalgie, Multiple Sklerose, Alzheimer-Erkrankung, Herz- und Krebsleiden um sich greifen.

Das Essen, das wir gehorsam in den Mund stecken, ist meilenweit entfernt von dem, was Mutter Natur für uns vorgesehen hat; inzwischen bilden wir in uns selbst Schadstoffe, die uns fett, krank, alt und müde machen. Und damit nicht genug: Mit der Luft, die wir atmen, und der Art, wie wir leben (auch Stress ist ein Gift!), vergiften wir uns noch mehr. Wir schädigen unseren Körper ja allein schon dadurch, dass wir leben – schließlich altern wir jeden Tag! –, vergeuden tonnenweise Energie, um an Sauerstoff zu gelangen und uns fortzubewegen, während wir unseren alltäglichen Verpflichtungen nachkommen. Wenn es um Heilen und Regenerieren geht, sind wir immer etwas hintendran. Doch wenn wir den Körper ruinieren, statt ihn zu unterstützen, machen sich nach und nach Krankheiten, chronische Erkrankungen, Energieverlust und vieles mehr bemerkbar.

Wir würden Sie jetzt nicht so runterziehen, wenn wir nicht ein besonderes Geheimnis hätten, das wir mit Ihnen teilen möchten: Sie können all das ändern! Sie können klar Schiff machen und Ihrem Körper dabei helfen, auf natürliche Weise zu entgiften. Sie können all Ihre Systeme wiederherstellen, indem Sie ihnen die Nährstoffe geben, die sie zum Heilen, Regenerieren und Revitalisieren benötigen.

Sie können die Fähigkeit Ihres Körpers, Krankheiten abzuwehren, Entzündungen zu verringern und den Alterungsprozess zu verlangsamen, verbessern. Wir versprechen Ihnen: Sobald Sie wissen, wie man den Körper mit unserem Cleanse regelmäßig reinigen kann, werden Sie besser aussehen und sich besser fühlen. Und Sie werden abnehmen, mehr Energie haben und sich frisch, sexy und lebendig fühlen.

Schadstoff-Einmaleins

Man hat den Eindruck, heutzutage wird ständig das Wort »toxisch« verwendet, um so ziemlich alles zu beschreiben, mit dem wir in Kontakt kommen. Ist das nun reine Hysterie, oder ist die Welt wirklich so schädlich? Und was zum Teufel heißt eigentlich »toxisch«; was genau ist eigentlich ein Toxin?

Ein Toxin ist, einfach ausgedrückt, eine Substanz, die dem Körper Schaden zufügt, ein Schadstoff also. Und leider sind Schadstoffe tatsächlich überall. Es gibt Schadstoffe, die wir herstellen (Pestizide und andere industriell erzeugte Chemikalien), Schadstoffe im Wasser (Chlor, Schwermetalle wie Blei und Quecksilber und sogar Spuren von Medikamenten), Schadstoffe in der Luft (Schimmel, Gase, Rauch), Schadstoffe im Essen (Zusatz- und Füllstoffe, Stabilisatoren und synthetische Farb- und Aromastoffe) und sogar Schadstoffe in Kosmetika, Nahrungsergänzungsmitteln, Reinigungsprodukten, Möbeln und Kleidung. Wir leben inmitten von über 85 000 Chemikalien. Auch wenn man viele von ihnen getestet und einen Schwellenwert für sie festgelegt hat (so ist z. B. eine kleine Menge Quecksilber oder Blei technisch »unbedenklich«), ist es doch eigentlich unmöglich herauszufinden, wie vielen Schadstoffen man wirklich ausgesetzt ist oder was passiert, wenn diese Substanzen interagieren. All diese Schadstoffe können sich im Körper ansammeln und Körperzellen und -gewebe angreifen, was Unwohlsein, Krankheiten oder chronische Leiden zur Folge hat. Der Fachausdruck dafür ist »Toxinbelastung«.

WIE ZEIGT SICH EINE TOXINBELASTUNG?

WENN SICH IM KÖRPER TOXINE EINLAGERN, MACHT SICH DAS AUF DER ZELLULÄREN EBENE BEMERKBAR. DIE FOLGENDEN SYMPTOME KÖNNTEN EIN HINWEIS SEIN:

- Gewichtszunahme
- Schmerzen
- Schmerzende Muskeln
- Schmerzende Gelenke
- Gedächtnisverlust oder Benommenheit
- Kopfschmerzen
- Vorzeitiges Altern
- Hautprobleme wie Ekzeme, fahle Haut, Akne, Ausschlag
- Trockenes Haar und brüchige Nägel
- Schlechter Schlaf
- Krankheiten wie Diabetes, Krebs, Bluthochdruck
- Trockener Mund und Mundgeruch
- Infektionen
- Abgeschlagenheit
- Affektive Störungen wie Angstzustände, Depressionen, Stimmungsschwankungen

Toxine beeinflussen unsere Gesundheit auf der zellulären Ebene. Zwei der häufigsten Verursacher von Schäden sind oxidativer Stress und Entzündungsprozesse.

Die gute Nachricht lautet: Unser Körper verfügt über ein eigenes Entgiftungssystem. Vor allem Darm, Nieren, Leber, Lungen und die Haut kümmern
sich darum, aufgenommene Giftstoffe unschädlich zu machen. Dieses System arbeitet Tag für Tag hart dafür, dass sich die Schadstoffe nicht dauerhaft
einnisten können. Das Problem ist nur: Es handelt sich um ein System, das
optimal funktionierte, als Luft und Wasser noch sauber waren und die Menschen sich keine Gedanken über bedenkliche Inhaltsstoffe in Kosmetikpro-
dukten und Frühstücksmüslis machen mussten. Jetzt aber müht sich dieses
System – bei den meisten von uns –, Schritt zu halten mit unserem moder-
nen Nahrungsmittelangebot, industrieller Umweltverschmutzung und all den
anderen Gemeinheiten, denen wir täglich ausgesetzt sind. Unsere Entgif-
tungssysteme wurden von unserer Toxinbelastung schlichtweg überwältigt
– als Folge davon beobachten wir Krankheit, Abgeschlagenheit, Kopfweh,
affektive Störungen und all die quälenden Schmerzen und Leiden, die für ein
gesundes, glückliches Leben nicht gerade förderlich sind.

Oxidativer Stress

Vereinfacht gesagt: Unser Gewebe und unsere Zellen rosten ständig. So
wie eine Schaufel oder ein Spielzeug aus Metall, das Wind und Wetter
ausgesetzt ist, mit der Zeit als Folge von Oxidationsprozessen Rostflecken
bekommt. Unsere Zellen wehren sich ständig dagegen, von schädlichen
Substanzen im Körper überwältigt zu werden.

Das sieht in etwa so aus: Die Zellen in unseren aktiven Organen (wie Muskeln, Herz, Gehirn) verfügen über kleine Energiefabriken, die Mitochondrien.
Diese wandeln das, was wir essen, und den Sauerstoff, den wir einatmen,
in Energie um. Die Substanz, die den gesamten Energiestoffwechsel im
Körper in Gang hält, heißt Adenosintriphosphat (ATP). Während der Ener-
giegewinnung im Körper entstehen aber auch gefährliche Nebenprodukte.
Dazu gehören die extrem schädlichen freien Radikale. Das sind im Grunde
genommen grobe, instabile Atome oder Moleküle, die darauf aus sind, sich
Elektronen von anderen im Körper vorhandenen (intakten, stabilen) Atomen

oder Molekülen zu schnappen, um sich selbst wieder zu stabilisieren. Dabei entstehen noch instabilere Atome oder Moleküle, die dann ihrerseits Jagd auf ihre fehlenden Elektronen machen. So entwickelt sich eine Kettenreaktion, die im gesamten Körper ausgedehnte Schäden anrichten kann. Verschlimmert wird das noch von der ohnehin erheblichen Toxinbelastung des Körpers, weil Toxine, die von außen kommen (also alles was wir essen, einatmen oder trinken, dem wir ausgesetzt sind oder das wir auf die Haut auftragen) ebenfalls Oxidationsreaktionen zur Folge haben können. Das Resultat ist – Sie ahnen es bereits – Krankheit.

Glücklicherweise ist der Körper diesen Attacken gegenüber nicht wehrlos. Er schützt sich selbst, indem er eine physikalische Barriere schafft, die die plündernden freien Radikale aufhält. Sein Schild sind die Antioxidanzien. Antioxidanzien stammen aus der Nahrung, die Sie zu sich nehmen (von der guten jedenfalls). Pflanzen – insbesondere Obst und Gemüse – liefern Karotinoide, die Vitamine C und E, das Coenzym Q10 sowie Mangan, Jodid und Polyphenole, die freie Radikale unschädlich machen. Diese schützenden Substanzen unterstützen auch Heilung und Reparatur der Mitochondrien.

Ohne eine Ernährung, die reich an pflanzlichen Produkten ist, erhält unser Körper nicht genug Antioxidanzien, um sich vor Oxidation zu schützen. Deshalb enthalten unsere Suppen reichlich Obst, Gemüse, Saaten und andere Zutaten, die so viele Antioxidanzien liefern, dass Ihr Körper während des Cleanses und noch lange danach die starke Abwehr bekommt, die er braucht. Und weil die Suppen so viel leichter verdaulich sind als Ihre gewohnte Kost, verbraucht Ihr Körper weniger zelluläre Energie – die Produktion freier Radikale geht dadurch zurück.

Entzündung

Andere Schäden, die Toxine in den Zellen anrichten können, sind Entzündungen. Oder denken Sie an Ekzeme oder Akne – das sind äußerliche Entzündungen (deren Ursache meist im Inneren des Körpers zu finden ist). Manchmal kann eine entzündliche Reaktion auch etwas Positives sein. Es handelt sich dabei um einen Vorgang, den unser Immunsystem verwendet, um Bakterien, Viren und andere Krankheitserreger abzuwehren, die Schaden anrichten könnten. Auch die Beteiligung weißer Blutzellen am Heilungsprozess ist eine entzündliche Reaktion. Die Entzündung ist zwar eine starke, nützliche Antwort zur Infektabwehr, sie kann aber sehr schädlich werden, wenn sie sich zu einem chronischen Zustand entwickelt. Dann machen sich möglicherweise sehr unterschiedliche körperliche Symptome bemerkbar, beispielsweise Augenschwellungen, verstopfte Nase, Blähungen, Hautausschläge, Kopfschmerzen, schlechte Cholesterinwerte, Auffälligkeiten im Blutbild, chronische Schmerzen, Herzerkrankungen, Arthritis, Parkinson und Alzheimer-Krankheit.

Schadstoffe, gleich ob aus unserem Inneren oder von außen, können eine Entzündungsantwort hervorrufen. Wird die Antwort von Schadstoffen ausgelöst, ist diese meist stärker, als wenn sie als Reaktion auf eine Verletzung ausgelöst worden wäre. Die Ursache dafür liegt darin, dass das Immunsystem beginnt, körpereigenes Gewebe fälschlich als Eindringling zu betrachten. Das führt zu einer Autoimmunreaktion – der Körper greift sich selbst an. Dieser Mechanismus steckt hinter vielen Nahrungsmittelallergien und Erkrankungen wie Lupus, Multipler Sklerose und Sklerodermie. Je stärker die Entzündung wird, desto mehr freie Radikale entstehen. Und je mehr freie Radikale da sind, desto mehr Entzündungen entstehen, weil der Körper versucht, all dieser Schäden Herr zu werden. Die Toxinbelastung löst im Körper einen Teufelskreis aus.

Eine Entzündung ist so etwas wie die Spitze eines Eisbergs. Man sieht sie deutlich, kann aber nur ahnen, was sich darunter verbirgt und oft Ursache für gesundheitliche Probleme und Krankheiten ist. Es lässt sich oft nur schwer herausfinden, woher eine Entzündung rührt, doch die Ernährung kann eine bedeutende Rolle dabei spielen. Entfernt man Lebensmittel, die bekanntermaßen Entzündungen verursachen – darunter Milchprodukte, Gluten, Mais und Soja – und reichert die Kost mit Zutaten an, die unnötige Entzündungen mildern, lässt sich eine Veränderung im Körper feststellen. Auch die Haut kann reiner werden, Sie nehmen ab, Schwellungen und andere unangenehme Symptome gehen zurück. Ihr Körper kehrt insgesamt zu einem ausgeglicheneren Zustand zurück.

Die sechs Hauptverursacher von Entzündungen

Wir verwenden die folgenden Zutaten nicht für unsere Suppen in unseren Rezepten und empfehlen auch Ihnen, diese zu meiden.

Gluten. Gluten ist ein Eiweiß, das in Weizen und anderem Brotgetreide wie Roggen enthalten ist. Es ist der »Kleber«, der Gebäck zusammenhält, daher wird es auch Klebereiweiß genannt. Nun ist Gluten nicht grundsätzlich schädlich, aber wenn man für weißes Mehl den Weizen all seiner Nährstoffe beraubt, dann entsteht ein Produkt, das den Körper belasten kann. Viele Menschen verwechseln Gluten mit Stärke, weil beide Begriffe oft im Zusammenhang mit Pasta und Brot verwendet werden. Doch Stärke kann gut für den Organismus sein, Gluten – eher nicht. Stärke ist ein Kohlenhydrat, das in den meisten Lebensmitteln vorkommt. Reis beispielsweise ist glutenfrei, aber stärkehaltig, genauso wie Kartoffeln, Linsen und Quinoa. Genau wie viele Ernährungsexperten empfehlen auch wir, dass stärkehaltige Lebensmittel (in Maßen) Teil der Ernährung sein sollten.

Milchprodukte. Das Kasein (das Milchprotein) aus Kuhmilch kann von vielen Menschen nicht verwertet werden und löst bei den meisten eine entzündliche Reaktion aus. Dass viele Tiere mit Hormonen und Antibiotika aufgezogen werden, verstärkt diese Wirkung noch.

Mais. Dieses Getreide enthält Mykotoxine (das sind schädliche sekundäre Stoffwechselprodukte von Schimmelpilzen). Davon einmal abgesehen, kann eine kleine Menge Bio-Mais in der Ernährung für einige Menschen von Vorteil sein.

Hochverarbeitetes Soja. Das Problem bei Soja ist, dass es oft hoch verarbeitet ist (wie »Sojaprotein« – so steht es oft auf Zutatenlisten von Fertigprodukten). Doch Soja kann in jeder Form bedenklich sein. Es enthält Phytinsäure, die schwer verdaulich ist und die Aufnahme von Eisen, Kalzium, Zink und Magnesium behindern kann. Außerdem enthält Soja Proteasehemmer. Das sind chemische Verbindungen, die Enzyme ausschalten können, die der Körper für die Eiweißverdauung benötigt. Und dann sind da noch die Phytoöstrogene. Studien haben gezeigt, dass Soja-Östrogen den körpereigenen Hormonhaushalt aus dem Gleichgewicht bringen und Erkrankungen wie Krebs begünstigen kann. Zudem sollte man nicht vergessen, dass Soja an Schweine und Kühe verfüttert wird, damit sie an Gewicht zunehmen. Daran sollten Sie jedesmal denken, wenn Sie zu Eis, Joghurt, Chips oder ähnlichen Industrieprodukten greifen, auf deren Zutatenlisten Soja zu finden ist. Dessen ungeachtet gelten wenig verarbeitete und fermentierte Sojabohnen traditionell als Heilmittel (denken Sie an Tempeh und Miso). In asiatischen Ländern isst man Soja wegen der gesundheitlichen Vorteile allerdings in wesentlich geringeren Mengen als beispielsweise in den USA. Manche Menschen vertragen diese Produkte gut und deshalb verwenden wir sie auch für einige unserer Suppen (dazu später mehr).

Raffinierte und hochverarbeitete Zucker. Kurz gesagt: Diese Süßungsmittel enthalten null Nährwert. Sie rauben den Körper aus und verursachen und beschleunigen den Alterungsprozess. Zucker – und seine diversen Erscheinungsformen wie Fruchtzucker, Rohrzucker, Rübenzucker, Palmzucker sowie die entsprechenden Sirupe – verursachen Entzündungen, führen zu Gewichtszunahme und Diabetes und werden mit Krebserkrankungen in Verbindung gebracht. Sie sorgen einfach dafür, dass man sich miserabel fühlt. Für synthetisch hergestellte Süßstoffe wie Saccharin, Natriumcyclamat oder Aspartam gibt es noch keine Langzeitstudien, doch der gesunde Menschenverstand sagt uns, dass sie der Gesundheit nicht gut tun können. Keine

Sorge, wir nehmen Ihnen nicht Ihre geliebten Süßigkeiten weg. Natürliche Süßungsmittel wie Datteln, getrocknete Aprikosen, Kokoszucker, Honig, Kokosnuss und Ahornsirup tun dem Körper gut und befriedigen das Verlangen nach Süßem.

Synthetisches Mononatriumglutamat (MNG/MSG). Synthetisches MNG ist eine der Lieblingszutaten der Lebensmittelindustrie, weil man damit ohne großen Aufwand diesen köstlichen salzigen Umami-Geschmack hinbekommen kann – besonders bei Suppen. Immer weniger Menschen kochen noch Brühe aus Knochen und anderen Teilen vom Tier (wie es unsere Vorfahren machten), um auf natürliche Weise ein volles Aroma zu erzielen. Jetzt verspricht man uns, dass wir dasselbe Resultat mit ein bisschen Pulver erreichen. Es lauert in Fertigprodukten und versteckt sich manchmal hinter Begriffen wie »Geschmacksverstärker« oder den E-Nummern 620 bis 625. In unseren Rezepten kommen Geschmacksverstärker nicht vor und Sie werden sie auch nicht vermissen, denn die danach zubereiteten Gerichte sind von Natur auch hocharomatisch und schmecken einfach gut.

ENTZÜNDUNG UND ÜBERSÄUERUNG

Einer der Hauptgründe für entzündliche Prozesse ist eine Übersäuerung des Körpers. Im Idealfall hat der Körper einen perfekten pH-Wert (7,365 bis 7,4). Das bedeutet, dass er nicht zu sauer ist und auch nicht zu basisch (auch wenn die Tendenz in die Richtung geht). Der Körper versucht ständig ein Säuren-Basen-Gleichgewicht beizubehalten, damit er und alle lebenswichtigen Organe bestmöglich arbeiten können. Nach dem Essen und Trinken bleiben, nach Verdauung und Nährstoffaufnahme, saure, basisch-saure oder basische Abbauprodukte zurück. Pflanzen und Gemüse bilden basische, Weißmehl und Zucker saure Abbauprodukte. Und das hat einen basen- oder säurebildenden Einfluss auf den Körper. Eine Möglichkeit, wie der Körper sich selbst wieder ins Gleichgewicht bringt, ist der Einsatz eigener Puffer. Wenn man sich aber über lange Zeit hinweg säurebildend ernährt, kann das die Puffer- oder Ausgleichsfähigkeit des Körpers beeinträchtigen. Was man isst, beeinflusst also die pH-Balance des Körpers. Doch auch Stress, Schadstoffe, Zigaretten und Drogen wirken sich auf die pH-Balance aus.

Essen Sie viele entzündungsauslösende Lebensmittel wie Weißmehl, raffinierten Zucker, Fleisch, Käse und verarbeitete Lebensmittel (die eine hohe Säurelast erzeugen), dann ist es sehr wahrscheinlich, dass Ihr Körper mit dem Neutralisieren der Säuren und der Beibehaltung des Gleichgewichts überfordert ist. Studien haben gezeigt, dass man dann anfälliger für Krankheiten ist. Symptome können häufige grippale Infekte und Erkältungskrankheiten sein; Verdauungsbeschwerden wie Sodbrennen, Reflux oder Reizdarm; Allergien; Akne oder Ekzeme; Gelenkschmerzen; Asthma; Hormonschwankungen (besonders starkes PMS); Depressionen oder Angstzustände; Antriebslosigkeit; schwache Libido; Migräne oder Kopfschmerzen; und sogar Morbus Crohn, Multiple Sklerose und Krebs. Ihr Körper verbraucht seine kostbare Energie dafür, die pH-Level auszubalancieren und zur Homöostase zurückzukehren, statt den Körper zu versorgen und zu reparieren. Am anderen Ende des Spektrums sind basische Lebensmittel, die die allgemeine Gesundheit des Körpers fördern, indem sie ihm helfen, im Gleichgewicht zu bleiben. Dazu gehören vor allem frische pflanzliche Lebensmittel, besonders Obst und Gemüse – und die bilden die Basis für unsere Suppen.

Unsere Cleanses sind so zusammengesetzt, dass Sie einer Übersäuerung entgegenwirken können, überwiegend mit den Suppen und auch mit einfachen täglichen Aktionen, etwa dem Trinken von angereichertem basischem Wasser oder reinem Wasser mit einem Spritzer Zitronensaft (der, obwohl er außerhalb des Körpers säuert, basisch und innerlich angewendet heilend ist), Atemübungen und Sport. Diese Maßnahmen haben nicht nur eine heilende Wirkung, sondern sind auch wirkungsvolle vorbeugende Medizin.

EINIGE BASISCHE LEBENSMITTEL

Äpfel	**K**noblauch	Rote Bete
Artischocken	Kohl	Rüben
Avocados	Kokosnüsse	Rucola
Bananen	Kürbis	**S**pargel
Birnen	**L**auch	Spirulina
Blumenkohl	Leinsamen	Sprossen
Brokkoli	Limetten	Staudensellerie
Brunnenkresse	Linsen	Steckrübe
Buchweizengrütze	**M**andeln	**T**omaten
Chia-Samen	Meersalz	**W**eintrauben
Curry	Melonen	Weizengras
Erbsen	Möhren	**Z**imt
Feigen	**O**kraschoten	Zitronen
Granatäpfel	Olivenöl	Zucchini
Grapefruits	Orangen	Zwiebeln
Grüne Bohnen	**P**aprikaschoten	
Gurken	Petersilie	
Hanfsamen	Pfirsiche	
Honig	**R**adieschen	

Zu den basischen Lebensmitteln zählen ebenfalls Blattgemüse wie Spinat, Grünkohl, Mangold und Romanasalat, wenn sie ohne Einsatz von Chemikalien angebaut wurden. Darüber hinaus gehören Algen wie Kombu, Hijiki, Dulse und Wakame dazu.

SAURE LEBENSMITTEL*

- Alkohol
- Fertigprodukte
- Fleisch aus konventioneller Haltung
- Getreide
- Gluten
- Koffein
- Mais
- Milchprodukte
- Raffinierter Zucker
- Soja

* = entzündungsfördernde Lebensmittel

Die Hauptakteure

Jedes Vitamin, jeder Mineral- und jeder Nährstoff erfüllt im Körper eine bestimmte, (lebens)wichtige Aufgabe. Bei unseren Suppen haben wir besonders darauf geachtet, dass sie die Nährstoffe liefern, die der Körper braucht, um rein, aufgeräumt und gesund zu bleiben.

DAS PUTZGESCHWADER

Wir erwähnten es bereits: Der Körper verfügt über ein eigenes Entgiftungssystem. Diese gut geölte Maschinerie unterstützen Sie, indem Sie die Schadstoffe, die hineingelangen, begrenzen und die Menge an Nährstoffen, die aufgenommen wird, erhöhen. Wenn Sie pürierte und gekochte Suppen essen, wird dem Verdauungssystem kaum Energie abverlangt, denn sie sind gewissermaßen schon »vorverdaut«, da püriert. Das ermöglicht unserem Entgiftungssystem sich auf die Wartung zu konzentrieren, statt ständig Aufräumarbeiten leisten zu müssen.

Die Leber. Sie ist der Filter des Körpers. Sie siebt böse Jungs – darunter Chemikalien, Schwermetalle, unnötige Hormone und andere Schadstoffe – aus dem Blut. Dann wandelt sie diese Toxine in einen wasserlöslichen

Zustand um, damit sie über die Nieren ausgeschieden werden können. Die Leber spielt eine Schlüsselrolle bei der Behebung von Verdauungsbeschwerden wie verlangsamter Stoffwechsel, Blähungen und Verstopfung. Sie reguliert auch den Blutzuckerspiegel. Ist er aus dem Gleichgewicht geraten, verursacht dies Heißhunger auf Süßes sowie Abgeschlagenheit und Benommenheit. Ist die Leber nicht gesund, leiden Sie möglicherweise an Hormonschwankungen, die zu Kopfschmerzen, Stimmungsschwankungen und Depressionen führen können. Und eine Leber, die durch den Verzehr von verarbeiteten und raffinierten Lebensmitteln schwer gestresst ist, kann zu entzündlichen Erkrankungen wie Diabetes, Arthritis, Bluthochdruck und Autoimmunerkrankungen führen. Betrachten Sie die Leber wie den Ölfilter Ihres Autos – wenn er mit Schadstoffen verstopft ist, schadet das der Funktionstüchtigkeit des Autos. Wir wollen unsere Leber lieben und sie entlasten. Wenn Sie Chemikalien und Schadstoffe aus dem Körper entfernen, kann sie besser arbeiten. Indem Sie Lebensmittel essen, die gut für die Leber sind, sorgen Sie dafür, dass dieses Kraftwerk optimal funktioniert.

Die Nieren. Sie sind eine leistungsstarke Chemiefabrik, die Abfallstoffe aus dem Körper entfernt, bei der Regulierung des Blutdrucks hilft, die Produktion roter Blutkörperchen anregt und dem Körper hilft, angemessene Kalziumspiegel beizubehalten. In der Traditionellen Chinesischen Medizin werden die Nieren als Quelle des Lebens angesehen.

Das Verdauungssystem. Es ist sozusagen die Müllabfuhr des Körpers. Es verarbeitet den Abfall, den die konsumierten Lebensmittel hinterlassen, und befördert ihn nach draußen. Außerdem sorgt es dafür, dass der Nährwert dieser Lebensmittel in die Körperzellen gelangt. Es entsorgt sowohl Abfallstoffe, die durch Stoffwechselvorgänge entstehen, als auch Schadstoffe, die über Haut und Lungen aufgenommen wurden. Der gesamte Körperabfall passiert das Verdauungssystem, deshalb ist es so wichtig, es gesund und in Schwung zu halten. Ein deutliches Plädoyer für Ballaststoffe!

Das Blut. Es befördert Nährstoffe und Sauerstoff durch den Körper und stellt sicher, dass alle Zellen und somit Gewebe, Drüsen, Organe und Organsysteme des Körpers gut versorgt sind und stark bleiben. Das Blut funktioniert auch wie eine Art Autobahn: Es hilft dabei, unerwünschte Toxine durch den Körper und hinaus zu befördern.

Die Zellen. Alles kommt wieder zu den Zellen zurück. Sie sind die grundlegenden Lebenseinheiten, aus ihnen bestehen alle Gewebe und Organe. Wenn sie gut funktionieren, kommunizieren sie unablässig miteinander, reagieren auf Ihre Umgebung und die Signale, die sie durch Ihr Handeln bekommen. Sie sind verantwortlich für Regeneration, Energie- und Wärmeproduktion sowie die Entsorgung von Abfall. Ebenso produzieren sie Antikörper, Hormone und Neurotransmitter. Vielleicht das Wichtigste: Sie schützen die DNA vor Schäden. Studien haben gezeigt, dass eine Ernährung, die arm an Antioxidanzien und anderen wichtigen Phytonährstoffen ist sowie Umweltbelastung die DNA schädigen können. Das lässt die Zellen schneller sterben; die Folge können Gewebeschädigung oder -entzündung und sogar bestimmte Erkrankungen, insbesondere Krebs, sein.

DER WINGMAN

Das lymphatische System. Dieses System aus Geweben und Organen hat hauptsächlich die Aufgabe, Kreislauf und Immunsystem begleitend zu unterstützen. Es gibt in das Gewebe gesickerte Flüssigkeit zurück in das Blut, um die Homöostase aufrechtzuerhalten. Das ist jenes Gleichgewicht, das für die Gesundheit so wichtig ist. Es dient auch als eine Art Drainagesystem, das Abfall aus dem Körper leitet, insbesondere schädliche Bakterien – es hilft also bei der Abwehr von Infektionen und Krankheiten. Gelegentlich jedoch, wenn große Mengen toxischen Materials durch den Körper fließen, können die Lymphknoten (sie befinden sich u. a. am Hals, unter den Armen und im Lendenbereich) verstopfen. Das lymphatische System hat nicht, wie der Kreislauf eine Pumpe, deshalb kann der Lymphfluss stagnieren. Sport hilft dabei, diese Abfälle nach außen zu befördern, und es gibt sogar Yogaübungen (insbesondere Inversionsstellungen, also Umkehrstellungen in denen der Körper im Verhältnis zum Boden so ausgerichtet ist, dass sich das Herz über dem Kopf befindet), die speziell dafür gedacht sind, den Lymphfluss anzuregen. Auch Trockenbürsten kann das lymphatische System stimulieren.

DER HELD DES ALLTAGS

Der Darm. Er hat inzwischen eine gewisse Berühmtheit erlangt, und das aus gutem Grund. In unserem Darm beherbergen wir mehr Bakterien als Sterne am Himmel stehen, und diese nützlichen Bakterien haben viele wichtige Aufgaben. So unterstützen sie die Verdauung und das Immunsystem. Richtig – der einst verkannte Darm ist untrennbar mit unserer Fähigkeit verbunden, gesund zu bleiben. Unsere Darmflora (das Mikrobiom des Darms) – ist in der Lage, viele eindringende Pathogene zu erkennen, anzugreifen und zu zerstören. Und vor allem: Sie produziert eine Reihe von Nährstoffen und biochemischen Wirkstoffen, die das Immunsystem stärken. Zahlreiche Studien bringen das Mikrobiom des Darms mit Körperfunktionen wie Appetit, Gelüsten, Stimmung und seelischer Verfassung in Verbindung. Der Darm scheint sogar die Hirnfunktion zu unterstützen!

Leider haben dieselben Faktoren, die unsere Gesundheit in den letzten Jahrzehnten geschädigt haben, auch einen Einfluss auf den Darm. Isst man zu viele entzündungsfördernde Lebensmittel, kann das die Darmflora beeinträchtigen, genauso wie ein Zuviel an verschreibungspflichtigen Medikamenten (z. B. Antibiotika). Wenn wir die Darmflora schwächen oder aus dem Gleichgewicht bringen, können wir die Nährstoffe, die wir uns zuführen, nicht mehr aufnehmen. Es kann auch zu Verdauungsbeschwerden, Autoimmunerkrankungen, neurologischen Auffälligkeiten und sogar psychischen Krankheiten führen. Paradoxerweise können einige Cleanses die Darmflora schwächen, weil sie alle Bakterien, die guten wie die schlechten, ausschwemmen. Das ist weder notwendig noch gesund.

Am besten versorgen Sie den Darm und unterstützen Sie die Darmflora so, wie Sie den Rest ihres Körpers versorgen: Essen Sie mehr hochwertige Lebensmittel (vollwertige, unverarbeitete und unraffinierte) und schränken Sie gleichzeitig die Schadstoffbelastung und die Aufnahme von entzündungsfördernden Lebensmitteln ein. Es ist auch von Vorteil, darmfreundliche Lebensmittel wie Gelatine und kollagenreiche Knochenbrühen sowie Probiotika wie Kimchi, Miso und milchsauer vergorene Lebensmittel zu verzehren, die lebendige nützliche Bakterien enthalten.

Essen, um zu entgiften

Eigentlich ist es bei unserem Programm nicht ganz richtig, von einem Cleanse zu sprechen, denn in Wahrheit stärkt es nur Ihr körpereigenes Entgiftungssystem. Weil Ihr inneres Reinigungssystem Lebensmittel liebt, vor allem solche, die seine Funktionen unterstützen, haben wir besonders darauf geachtet, dass unsere Suppen all die Nährstoffe enthalten, die einerseits der Gesundheit von Nieren, Leber und Blut bzw. allen Körperzellen zuträglich sind und andererseits den Darm sanieren. Dazu gehören eisenhaltige Blattgemüse und Hülsenfrüchte, die Blut und Nieren gut tun; essenzielle Fettsäuren aus Saaten, Nüssen und Ölen, damit mehr elastische Zellmembranen entstehen können; schwefelhaltige Lebensmittel wie Knoblauch und Zwiebeln, die der Leber helfen, den Körper von Schadstoffen zu befreien; und fermentierte Lebensmittel wie Miso, die dem Verdauungstrakt wieder gesunde Bakterien wie Lactobacilli zuführen. Indem wir diese Lebensmittel verzehren, cleansen und detoxen wir 24 Stunden am Tag.

Seit fünf Jahren leide ich an einer Autoimmunerkrankung, die eine chronische Sinusitis sowie ständige Kopfschmerzen und Müdigkeit verursacht. Von meinen Ärzten wurden mir zahlreiche Medikamente verschrieben, die aber nur zu einer leichten Besserung der Symptome führten. Daraufhin beschloss ich, meine Autoimmunerkrankung ausschließlich über die Ernährung in den Griff zu bekommen. Jetzt fühle ich mich um etwa 80 Prozent besser als vorher. Ich habe festgestellt, dass dank der cleanen Soupure-Zutaten Entzündungen in meinem ganzen Körper nachlassen. Sie fördern die Darmgesundheit und haben auch meine Nebennierenschwäche verbessert. Schon an meinen dritten Cleanse-Tag fühlte ich mich so gut wie schon lange nicht mehr. Ich wünschte, ich hätte diesen Suppen-Cleanse früher entdeckt. Doch nun bin ich auf einem guten Weg zu einer besseren Gesundheit und – das Allerwichtigste – genieße jeden Tag! **Caitlyn M.**

ENTDECKEN SIE IHRE AUSSTRAHLUNG

Was ist begehrenswert? Für uns sind das strahlende Haut, Selbstvertrauen, Energie, Vitalität, ein Körper, in dem wir uns wohlfühlen, ein klarer, scharfer Verstand und die Freude am Leben. Diese Eigenschaften sind nicht altersabhängig und für jeden erreichbar. Es kommt nur darauf an, was Sie essen und wie Sie leben, und dass Sie eine grundsätzlich positive Einstellung behalten.

Seit langer Zeit gibt es von Natur aus dieselben Regeln für Vitalität – verstößt man dagegen, strahlt die Haut nicht, Körper und Geist fühlen sich schlapp, und chronische Beschwerden können sich einschleichen. Wenn man dem Körper die Nährstoffe verwehrt, die er aus einer Vielzahl vollwertiger Lebensmittel benötigt, kann sich das rächen – innerlich und äußerlich.

Deshalb haben wir einen besseren, leichteren Weg konzipiert, an all die guten Sachen zu kommen – alles, was Sie brauchen, um sich großartig zu fühlen und auch so auszusehen. Zu den Vorzügen einer gesunden Ernährung gehören auch Proteine, gute Fette und komplexe Kohlenhydrate; außerdem jede Menge bunte und gesund haltende Phytonährstoffe (sekundäre Pflanzenstoffe) sowie reichlich Ballaststoffe. Letztere sind unerlässlich, wenn es darum geht, all den Müll loszuwerden, der sich mit der Zeit im Verdauungstrakt angesammelt hat und der Sie behindert. Alles zusammen bildet das Geheimnis zu bester Gesundheit, und wenn Sie diese Balance finden, ist das verdammt begehrenswert.

LASSEN SIE SICH VON CHRONISCHEN SYMPTOMEN NICHT BEEINTRÄCHTIGEN

Wir haben zahlreiche Symptome für einen ungesunden Körper aufgezählt (Seite 26), und wahrscheinlich treffen mindestens ein oder zwei davon auf Sie zu. Bitte, hören Sie auf uns: Lassen Sie sich nicht von Ihren Symptomen beherrschen. Sie definieren sich nicht über Ihre Symptome! Wie oft fangen Leute an zu denken: »Oh, ich bin ja so launisch, ich schlafe einfach nicht gut, ich bin zu müde oder zu gestresst, um Sport zu treiben.« Oder: »Das ist nun mal mein Schicksal, ich bin mit einem trägen Stoffwechsel zur Welt gekommen.«

In Wirklichkeit aber sind das alles Dinge, über die wir eine Menge Kontrolle haben. Häufig beginnt das mit dem, was Sie essen: Zu wenig, und Sie verlangsamen den Stoffwechsel und bringen den Körper in einen Hungerzustand. Zu viel, und Sie fühlen sich schlapp und antriebslos. Wir können Ihnen dabei helfen, mit Essen und Sport Freundschaft zu schließen. Es gibt Hoffnung, selbst wenn Sie mit chronischen Symptomen zu kämpfen haben. Wir haben so viele Geschichten von Leuten gehört, die sich zunächst damit abgefunden hatten, mit ihrer Krankheit, ihren Beschwerden oder gesundheitlichen Sorgen zu leben. Leuten wie Sie, die jahrelang Kopfweh, Ausschlag und Schmerzen ertrugen, die keine Energie mehr hatten – bis sie unsere Suppen probierten. Nachdem sie ihre Körper mit den hochwertigsten Zutaten, die es gibt, mit dem größten Spektrum an Nährstoffen und den frischesten Lebensmitteln versorgt hatten, verschwanden die Symptome und ihre Lebenszufriedenheit ging steil nach oben. Wussten Sie eigentlich, dass jedes wissenschaftlich anerkannte Medikament seinen Ursprung in einer Pflanze oder in etwas anderem aus der Natur hat?

Der Schlüssel heißt Ausgeglichenheit. Wenn man ausgeglichen ist – gut isst, gut schläft, ausreichend trinkt und sich bewegt – ist alles möglich. Wir glauben, dass vielen von uns gar nicht klar ist, wozu ihr Körper fähig ist. Was wäre, wenn Sie Ihren Körper mit den reinsten Nahrungsmitteln versorgen würden, sich richtig ausruhen und auf gesunde Weise mit Stress umgehen könnten? Was könnten Sie dann schaffen? Was könnte Ihr Körper alles leisten?

Unsere Gesundheitsgebote

Um Sie auf den richtigen Weg zu bringen, sollten Sie ein paar grundlegende Fakten zur Gesundheit kennen. Die sind auch die Grundlagen der Soupure-Philosophie und -Cleanses:

- *Gesundheit beginnt auf der zellulären Ebene.* Gesunde Zellen entstehen aus gesundem Essen. Basta.

- *Der Körper kann sich selbst heilen.* Nicht nur, dass er sich von allein entgiften kann – worüber wir gleich noch sprechen werden –, er kann sich auch selbst heilen. Wir müssen ihm nur die richtigen Werkzeuge dafür zur Verfügung stellen und aufhören, ihm den Junk zu geben, der seine Funktionen beeinträchtigt.

- *Zurück zu den Anfängen.* Die hochverarbeiteten Lebensmittel und Fertigprodukte unserer Zeit würden unsere Großeltern oder deren Großeltern nicht erkennen. Der Körper wurde dafür geschaffen, von Nahrung zu leben und zu gedeihen, die reichlich Sachen enthalten wie Phytonährstoffe, gesunde Fette, Proteine, komplexe Kohlenhydrate, Mineral- und Nährstoffe – gleich ob pflanzlichen oder tierischen Ursprungs.

- *Einen Schritt weiter gehen.* Viele Diäten fordern Sie dazu auf, sich an dem zu orientieren, was unsere Vorfahren aßen, damit Sie sich gesündere Essgewohnheiten zulegen. Wir glauben, dass ist nur halb hilfreich. Die Welt hat sich in den letzten hundert, ja sogar in den letzten fünfzig Jahren verändert. In unserem Essen sind Pestizide, in unserem Wasser ist Blei, in unserer Luft ist Strahlung, und Schadstoffe werden durch Plastikverpackungen auf unsere Lebensmittel übertragen. Wir müssen nicht nur zurück zu traditionellen ernährungsbasierten Heilmethoden gehen, wir müssen zusätzlich Nahrung und Unterstützung anbieten, die den Körper vor all dem schützen, was in unserer Umwelt geschieht.

- *Essen ist Information.* Wie Marlyn gern sagt: »Jeder Bissen nützt der Gesundheit, oder er schadet ihr. Essen kann eine positive, heilsame Umgebung schaffen, oder es kann Reaktionen hervorrufen, die zu schädlichen Veränderungen im Körper führen. Wir wollen das Gute ein- und das Schlechte ausschalten.«

- *Der Körper ist klug.* Ihr Körper weiß, wovon er spricht. Er kann Ihnen wertvolle Rückmeldungen geben, wenn Sie nur hinhören.

Weil ich extrem sensibel auf zahlreiche Umwelteinflüsse reagiere, habe ich zwangsläufig gelernt, genau darauf zu achten, was ich zu mir nehme, mit was meine Haut in Kontakt kommt und mit was ich mich umgebe. Ich liebe die Suppen von Soupure, weil sie ausschließlich gesunde Biozutaten enthalten, wunderbar schmecken und einfach so gut tun. Wenn mich Leute auf meine reine strahlende Haut ansprechen, erzähle ich ihnen von meinem Suppen-Geheimnis. Es wirkt besser als irgendein Makeup. — Morgan R.

Balance ist alles

Der Körper strebt immer nach Balance – nicht zu kalt, nicht zu heiß, nicht zu sauer, nicht zu basisch –, also sollten wir das auch tun. Im Augenblick ist die Gesundheitsdiskussion sehr schwarz-weiß: Grünkohl ist gut, Kohlenhydrate sind schlecht! Fett ist gut, Zucker ist schlecht! Fett ist schlecht, Zucker ist gut! Roh ist gut, gekocht ist schlecht! Wir werden vielleicht nie erfahren, wohin diese Debatten führen, doch was wir wissen ist: Zu viel ist niemals gut. Selbst zu viel Wasser kann Sie umbringen! Konzentrieren wir uns also weniger auf das Absolute und mehr darauf, heilsames Essen rein- und nicht so heilsames rauszubekommen.

Wir können Ihnen auch gar nicht sagen, wie oft wir hören. »Ach, ich habe schon gesündigt, für heute kann ich meine Diät vergessen. *Morgen* bin ich wieder konsequent.« Wir wissen nicht, woher das kommt, aber viele Leute denken, dass gesundes Essen gleich am Morgen anfängt und dann den ganzen Tag weitergeht, sonst zählt es nicht. Lassen Sie *morgen* doch sofort beginnen! Was auch immer Sie Ihrem Körper möglicherweise angetan haben, als Sie dieses Stück Torte oder jene Scheibe Schweinebraten vertilgt haben – es ist nicht so schlimm, wenn Sie es den Rest des Tages mit gesünderen Alternativen wieder ausgleichen.

Jetzt denken Sie hoffentlich nicht, dass diese Cleanses oder jener Suppen-Cleanse allein seligmachend sind. Das wollen wir auf keinen Fall! Ja, sich für gesündere Lebensmittel zu entscheiden, führt letztendlich zu besserer Gesundheit. Aber das heißt doch nicht, dass man Sie aus dem Verein ausschließt, wenn Sie ab und zu mal zu weniger Gesundem greifen. Wir wissen doch alle, was geschieht, wenn einem etwas verboten wird – man begehrt es umso mehr! Essen Sie einfach richtig und in Maßen. Den Rest erledigt Ihr Körper.

Sehen Sie diese Suppen als ultimative Genesungsmaßnahme an. Falls Sie sich an das Programm in diesem Buch halten, werden Sie erstaunliche Resultate feststellen. Aber Sie müssen keinen offiziellen Cleanse durchführen, um die Vorteile einzuheimsen. Eine oder zwei Suppen am Tag oder vielleicht sogar nur ein paar Suppen pro Woche werden Ihre Ernährung aufwerten, und Sie werden sich besser fühlen und besser aussehen, selbst wenn Sie ansonsten weiteressen wie bisher. Ihr Körper wird positiv auf die zusätzlichen Nährstoffe reagieren und Ihnen dafür dankbar sein.

Ich leide an Rosacea, die sich durch bestimmte Lebensmittel verschlimmert. Nachdem ich drei Suppen-Cleanses durchgeführt hatte, stellte ich fest, dass sich meine Haut jedesmal am dritten Tag spürbar verbesserte. Das verdanke ich einzig und allein der Tatsache, dass ich den ganzen Tag Suppen esse. Wirklich eine Supersache. — **Debra M.**

Sie müssen nicht perfekt sein

Perfektion lähmt. Lassen Sie sich nicht dazu hinreißen, Ihren Cleanse aufzugeben, nur weil Sie »gesündigt« und eine Tüte Chips vertilgt haben. Beginnen Sie wieder dort, wo Sie aufgehört haben! Ihrem Körper wäre es lieber, wenn Sie ihm weiterhin diese nahrhaften Suppen gönnten und nicht den ganzen Tag lang Junkfood. Ihrem Körper ist es egal, ob Sie das »perfekt« machen. Ihm ist nur wichtig, dass Sie es tun. Sie sollten von einem Tag zum anderen, besser noch von einer Mahlzeit zur anderen denken. Schließlich ist Soupure ein Lifestyle – einer mit liebevollen Grenzen.

Wir wissen genau, dass alles Neue einem fremd, überwältigend und riesig vorkommen kann. Aber wenn Sie sich aus Ihrem Wohlfühlbereich herausbewegen, geschieht ein Wunder. Und mit der Zeit wird es zur Gewohnheit. Deshalb haben wir dieses Programm sehr simpel gehalten, und Sie können in winzigen Schritten dorthin gelangen, wo Sie hinmöchten. Haben Sie Geduld mit sich, lassen Sie sich Zeit, und seien Sie gnädig mit sich selbst, wenn Sie stolpern oder sich verlaufen. Gehen Sie weiter, machen Sie sich eine Suppe warm und verwöhnen Sie sich ein bisschen.

Bei Gesundheit geht es nicht darum, perfekt zu sein oder für einen bestimmten Anlass toll auszusehen. Es geht um den großen Rahmen, um die Entscheidungen, die Sie treffen, um dort hinzukommen, und darum, wie Sie jeden Tag aussehen und sich fühlen. Es geht weniger um enge Jeans als darum, genug Kondition dafür zu haben, mit den Kindern oder den Enkeln zu spielen. Es geht darum, die Kraft zu haben, den Körper zu unterstützen, es geht um eine positive Grundeinstellung und Beziehungen, die Ihnen guttun. Mit diesem Buch zeigen wir Ihnen, wie Sie dort hingelangen.

DIE LÖSUNG: SUPPEN

Warum Suppen? Nun, Suppen gelten in vielen, wenn nicht allen Kulturen als heilsame Nahrung – sei es Congee (lange gekochter Reisbrei mit Kräutern) aus China, englischer Beef Tea, den die viktorianische Gesellschaft nippte, oder die Hühnersuppe Ihrer Großmutter. Genau genommen ist eine Suppe eine vorverdaute Mahlzeit, deren Nährstoffe leicht aufgenommen werden können, die dem Körper Ruhe gönnt und die ihm die Gelegenheit gibt, all seine Energie für das Heilen und das Regenerieren aufzuwenden. Das ist ein Grund dafür, dass Flüssignahrung und Suppen in Krankenhäusern und Entzugskliniken auf der ganzen Welt die Kost der Wahl sind (wobei wir behaupten möchten, dass unsere Suppen sicher besser schmecken). Vielen Menschen ist nicht klar, dass es wirklich anstrengend ist, die Nährstoffe durch Kauen aus unzerkleinerter Nahrung verfügbar zu machen. Viele von uns essen gedankenlos – weil wir so viel gleichzeitig erledigen, in Eile sind oder aus emotionalen Gründen essen –, und wir kauen unsere Nahrung nicht genug (dazu gleich mehr). Das Großartige an unseren Suppen ist, dass die Nährstoffe bereits verfügbar sind, und Sie die Suppen nur noch genießen müssen, um die Vorteile einzuheimsen.

Wenn Suppen aus vollwertigen, sorgsam ausgewählten Zutaten, ohne irgendwelche Zusätze wie künstliche Farb-, Aroma- oder Füllstoffe gemacht werden und zudem frei von Pestiziden und Herbiziden sind, enthalten sie alles, was für die Gesundheit von Bedeutung ist: Ballaststoffe, gesunde Fette, Vitamine, Antioxidanzien und Phytonährstoffe. Diese Bausteine unterstützen den ganzen Körper, von Blut und Organen über Verdauungstrakt, Immunsystem bis sogar hin zur Nervenfunktion. Suppe kann Sie schlauer machen und Ihre Laune verbessern! (Ernsthaft!)

HIER ERFAHREN SIE, WARUM WIR SUPPEN FÜR EINE VORZÜGLICHE ART DER ERNÄHRUNG HALTEN:

- *Suppen fördern die Gemüsevielfalt.* Durchaus möglich, dass Sie zur Zeit nicht genug Gemüse verzehren – wie so viele andere Menschen. Es kann ja auch schnell langweilig werden, immer und immer wieder die gleichen zwei oder drei Gemüsesorten zu essen. Sie brauchen mehr Nährstoffe als die, die in diesen drei Gemüsen stecken. Mit Suppen kann man die Ernährung nicht nur mit reichlich Gemüse aufwerten, man lernt auch viele unterschiedliche Gemüsearten kennen und lieben, dazu Kräuter, Gewürze und hochwirksame Superfoods. In der Tagesration für einen einzigen Soup-Cleanse-Tag stecken 60 verschiedene Nährstoffe – ja, 60!

- *Suppen ersparen das Kauen.* Kauen ist ein wesentlicher Teil des Verdauungsprozesses, denn das Zerkleinern größerer Nahrungsstücke erleichtert dem Magen die Verstoffwechslung des Essens. Kaut man nicht genug, stehen nicht alle Nährstoffe aus der Nahrung zur Verfügung, und zudem muss der Körper mehr Energie aufwenden, um die Nahrung aufzuschließen.

  Das Pürieren zerstört die Zellwände der Lebensmittel und macht alle Nährstoffe für den Körper leicht verfügbar. Deshalb kommen Sie bei pürierten Suppen in den Genuss des vollen Nährwerts, ohne dass der Körper für die Verdauung viel Energie aufwenden muss. Mit der eingesparten Energie kann er sich auf wichtigere Aufgaben wie längst fällige Reparaturmaßnahmen fokussieren. Jetzt wissen Sie, warum viele unserer Suppen püriert sind.

- *Suppen liefern viel mehr Nährstoffe, als Sie üblicherweise zu sich nehmen würden.* Wenn Sie alle Zutaten für eine unserer Suppen im Ganzen auf einen Teller legen würden, wären Sie niemals in der Lage, alles aufzuessen, ohne sich voll zu fühlen, besonders wenn Sie richtig gut kauen (also mindestens 30 Sekunden pro Bissen). Vermutlich würden Sie nur sehr wenig von dem Ganzen aufessen können. Dass beweist zwar, wie wichtig Kauen für das Sättigungsgefühl ist, heißt für den Nährwert unterm Strich aber gar nichts. Suppen liefern all die Nährstoffe, die der Körper braucht, auf viel effizientere Weise.

- *Suppen liefern reichlich Ballaststoffe.* Der Körper braucht und mag Ballaststoffe. Sie füttern die guten Darmbakterien, helfen, den Blutzucker auf einem gesunden Niveau zu halten, sorgen für gute Cholesterinwerte, unterstützen die Verdauung, befördern all den Stoffwechsel-Müll nach draußen und die Schadstoffe gleich mit. Außerdem sorgen sie dafür, dass man schneller satt ist und helfen beim Abnehmen. Doch im Durchschnitt nehmen wir weniger als 20 Gramm Ballaststoffe pro Tag zu uns (die Gesellschaften für Ernährung in Deutschland, Österreich und der Schweiz empfehlen mindestens 30 Gramm pro Person und Tag). Bei einer zu niedrigen Ballaststoff-Aufnahme steigt das Risiko für Herz-Kreislauf-Erkrankungen, Diabetes, Divertikulitis, Adipositas, Verstopfung und bestimmte Krebserkrankungen wie Darmkrebs. Hier kommen die Suppen ins Spiel: Wenn man ganze Lebensmittel püriert, erhält man mit jeder Portion Suppe eine Megadosis Ballaststoffe. Unser Cleanse-Tag bietet etwa 30 Gramm Ballaststoffe!

- *Suppen alkalisieren.* Wir sprachen im vorangegangenen Kapitel darüber, dass der Körper immer einen basischen Zustand anstrebt. Der ist gesünder für Gelenke, Gewebe, Organe und Blut und der Schlüssel zur Abwehr von Krankheiten. Weil unsere Suppen auf Gemüse, Obst, Nüssen, Saaten und Hülsenfrüchten aufgebaut sind, wirken sie auf den Körper wie eine entsäuernde Wohltat.

- *Suppen bieten einen Enzymschub.* Enzyme sind Eiweiße, die im Körper wie ein Streichholz Reaktionen entzünden. Besonders unerlässlich sind sie für die Verdauung. Enzyme zerlegen, was Sie gegessen haben in kleinere leichter handhabbare Teilchen, die der Körper besser aufnehmen und als Nahrung verwenden kann. Außerdem helfen sie den Organen beim Erholen und sind generell an der Instandhaltung des Körpers beteiligt. Mit einer normalen Ernährung bekommen wir allerdings nicht genug Enzyme und überfordern die, die wir haben. Die Enzyme, die vielleicht gerade dabei waren, Ihre Leber oder Ihre Nieren zu reparieren, könnten zu Hilfe gerufen werden, nachdem Sie ein Riesen-Holzfällersteak vertilgt haben. In einem solchen Fall verwenden Sie die Kapazitäten des Körpers für die Verdauung, statt die Enzyme weiter Wiederaufbau leisten zu lassen. Doch mit unseren Suppen versorgen Sie Ihren Körper mit einer viel größeren Enzym-Mannschaft und belasten das Verdauungssystem nicht mit schwer verdaulichen Lebensmitteln.

● *Suppen versorgen Sie mit echten Vitaminen.* Gehen Sie mal durch einen Supermarkt, und sehen Sie sich all die Herstellerversprechen an: »Jetzt mit mehr Vitamin C!« »Mit Eisen!« »Mit extra Vitaminen!« Das klingt wirklich gut, vor allem, weil die meisten Menschen davon zu wenig haben. Doch was Sie da sehen, sind synthetische Vitamine aus einem Labor und keine Vitamine, die in reinster Form direkt aus Pflanzen gewonnen wurden. Diese Als-ob-Vitamine sind den echten nicht nur bei weitem unterlegen, sie werden auch noch häufig aus Stoffen wie Teer und Petroleum gemacht – sie sind also nicht nur nicht besonders gut, sondern richtig schlecht für Sie. Eigentlich müssten die Hersteller solche Stoffe nicht hinzufügen, wenn ihre Produkte sie von Natur aus enthalten würden – wieder ein starker Punkt gegen den Verzehr von Fertigprodukten. Vitaminpräparate sind auch schlechtere Nährstoffe als die entsprechenden aus Pflanzen gewonnenen Produkte. Immer mehr deutet darauf hin, dass es nichts bringt, Vitaminpillen zu schlucken, und Sie haben garantiert nicht die versprochenen Vorteile davon. 2013 wurden in einem Fachjournal gleichzeitig drei Studien veröffentlicht, die frei verkäuflichen Nahrungsergänzungsmitteln zugeschriebene Eigenschaften (sie könnten frühzeitigem Tod vorbeugen, altersbedingte geistige Beeinträchtigungen verhindern oder diejenigen, die bereits einen Herzinfarkt hatten, vor einem weiteren schützen) widerlegten. Dazu ein begleitender redaktioneller Beitrag: »Es reicht. Hören Sie auf, Geld für Vitamin- und Mineralstoffpräparate auszugeben.« Fazit: Ihr Körper gedeiht, wenn Sie die Nährstoffe aus Nahrungsmitteln beziehen. Selbst gemachte Suppen sind wirklich vitaminreich. Und weil sie ein breites Vitaminspektrum bieten, bekommen Sie alles, was Nahrung dem Körper zu bieten hat.

- *Suppen sind unkompliziert.* Weil sie so praktisch sind, wurden wir als erstes auf Suppen aufmerksam. Man kann große Mengen im Voraus kochen und was zu viel ist, einfach einfrieren. Außerdem sind Suppen Mahlzeiten, die schnell gemacht sind und die man mitnehmen kann, zur Schule, zu Besorgungen oder zur Arbeit.

- *Suppen machen schön.* Unsere Suppen sind so reich an Vitaminen, Mineralstoffen und Antioxidanzien, dass sie Ihnen helfen können, langsamer zu altern und besser auszusehen. Eine Ernährung, die reich an essenziellen Nährstoffen ist, kann Ihnen zu strahlender Haut, glänzendem Haar und kräftigen Nägeln verhelfen.

Als Doktor der Traditionellen Chinesischen Medizin, kann ich sagen, dass der Suppen-Cleanse von Angela und Vivienne definitiv mit meinem Heilungsansatz übereinstimmt. Ich empfehle meinen Patienten oft warme nährstoffreiche Speisen, damit ihr Verdauungssystem gestärkt und ihr Körper gut mit Nährstoffen versorgt wird. Vor allem die Rinderbrühe ist nach der Chinesischen Medizin das Mittel, Immunsystem und innere Organe zu kräftigen. Wer auf köstliche und bequeme Art seine Ernährung mit Gemüse, Obst, Ballaststoffen, Eiweiß und guten Fetten anreichern will, ist mit diesen Suppen wirklich bestens beraten.
— **Cathy T., L.Ac., FABORM**

Knochenbrühe – Zaubertrank aus der Natur

Knochenbrühen werden immer beliebter und das aus gutem Grund. Seit Jahrhunderten verwendet man sie in der chinesischen Volksmedizin zur Stärkung der Nieren, zur Kräftigung des Blutes und zur Unterstützung der Lebensenergie (Qi). Um Brühen herzustellen, muss man allerdings nicht zaubern können; sie sind ganz einfach Fonds aus Tierknochen. Sie stammen aus einer Zeit, als man vom geschlachteten Tier nichts vergeudete und noch wusste, wie heilsam diese (wohlschmeckenden) Brühen sind.

Wenn man Knochen stundenlang auskocht, werden Knochen und Bindegewebe aufgeschlossen und setzen Proteine, Mineralstoffe und Fett frei – Elemente, die über vielfältige Heilkräfte verfügen. Kollagen, das von Knochen, Sehnen, Knorpeln und Gehirn dringend benötigt wird, kann auch bei der Behandlung von Arthritis und anderen degenerativen Gelenkerkrankungen hilfreich sein. Und es ist ein wirkungsvolles Anti-Aging-Mittel für die Haut. Gelatine, eine Kollagen-Art, kann die Verdauung unterstützen. Knochenmark stärkt das Immunsystem. Mineralstoffe wie Kalzium und Phosphor helfen, die Knochen zu stärken, Phosphor spielt außerdem eine wichtige Rolle im Energiestoffwechsel. Zunehmend mehren sich Hinweise darauf, dass Knochenbrühe auch Beschwerden im Verdauungssystem lindern kann, von denen viele Menschen betroffen sind, sei es Reflux, Magengeschwüre, Laktose- oder Gluten-Intoleranz (einschließlich Zöliakie), Divertikulitis, Verstopfung, Reizdarm oder Leaky-gut-Syndrom. Mittlerweile haben Experten herausgefunden, dass ein gesunder bzw. geheilter Darm auch Immun- und Nervensystem stärken kann – das macht Knochenbrühe zu einer hochwirksamen Arznei für den ganzen Körper. Deshalb empfehlen wir, dass Sie den Tag mit einem Becher warmer, heilsamer Brühe beginnen. Und zwar einer, die Sie liebevoll aus den bestmöglichen Zutaten gekocht haben.

Suppe ist besser als Saft

Jetzt, wo an jeder Ecke Saft angeboten wird, könnte man meinen, frisch gepresster Saft sei die Lösung aller Probleme. Verstehen wir! Die Versuchung ist groß zu hoffen, dass wir all unsere Wehwehchen und Beschwerden mit dem Inhalt dieser schönen Flaschen kurieren könnten. Und wer trinkt nicht gern mal ein belebendes Glas Saft?

Wir haben ganz sicher nichts gegen den einen oder anderen Saft. Aber seien wir mal ehrlich: Kalter Saft, ohne Ballaststoffe und Proteine, ist doch keine Mahlzeit! Wie soll man sich also wohl oder gut versorgt fühlen, wenn man den ganzen Tag nichts als Saft zu sich nimmt? Unsere Suppen hingegen bieten alles, was man braucht, um gut ernährt zu sein und sich nicht erschöpft oder hungrig zu fühlen.

Wir glauben nicht, dass Saft grundsätzlich schlecht ist, wenn man ihn in Maßen oder als Ergänzung der gewohnten Ernährung trinkt, aber wir sind überzeugt – und etliche Ärzte, Ernährungsberater und Fitness-Experten bestärken uns darin –, dass unsere Suppen für den Körper besser sind. Und zwar deshalb:

- *Obst und Gemüse wollen ganz bleiben.* Pflanzen, insbesondere Obst und Gemüse, enthalten in all ihren Teilen – Schale, Fruchtfleisch und Samen – unglaublich viele Nährstoffe. Deshalb finden wir, dass nichts davon in unseren nahrhaften Suppen fehlen sollte. Was am wichtigsten ist: Verwendet man Obst und Gemüse ganz, bekommt man jedes Fitzelchen ihrer Ballaststoffe.

- *Nichts geht über Ballaststoffe.* Wir haben bereits erwähnt, dass Ballaststoffe für die Gesundheit unentbehrlich sind. Warum sollte man sie also wegwerfen? Werfen Sie nach dem Entsaften von Möhren, Mangold oder Roter Bete einmal einen Blick in den Auffangbehälter des Entsafters. Sehen Sie die Raspel und Fasern? Das sind Ballaststoffe!

Wenn man sie entfernt, bleibt von den meisten Obst- und Gemüse-sorten nur Zucker übrig, Zucker, der den Blutzuckerspiegel nach oben treibt, die Leber überlastet und die Nieren aus dem Gleichgewicht bringt. Außerdem gehen alle Makronährstoffe, wie Proteine und gute Fettsäuren, verloren. Ohne diese kann der Körper viele Vitamine und Mineralstoffe weder aufnehmen noch verwerten. Und schließlich sind es die Ballaststoffe, die die Schadstoffe binden und aus dem Magen-Darm-Trakt herausbefördern.

- *Manche Gemüsesorten müssen gegart werden.* Der Körper benötigt für sein Wohlbefinden Lebensmittel in verschiedenen Formen – roh und nicht roh. Zwar ist es für die Gesundheit wichtig, rohe Lebensmit-tel zu verzehren, doch für die Aufnahme von pflanzlichen Eiweißen und einer ganzen Palette von Nährstoffen braucht der Körper auch schonend gegarte Nahrungsmittel. Darauf kommen wir gleich noch einmal zurück.

- *Bleiben Sie nicht im Kalten stehen.* Gemäß der Traditionellen Chine-sischen Medizin und der alten indischen Heilkunst Ayurveda sind wärmende Lebensmittel heilsamer und nahrhafter und tun dem Körper gut. Sie helfen auch, das Verdauungsfeuer zu entfachen, das dem Körper ermöglicht, Lebensmittel und all ihre Nährstoffe aufzuschlie-ßen und zu verwerten. Zu viel kaltes Essen kann dieses Feuer löschen und Ihre Verdauung und Ihren Energielevel herunterfahren. Überlegen Sie mal: Hätten Sie den ganzen Tag lang lieber kalte Flüssigkeit oder kräftiges, warmes, wohltuendes Essen?

Was uns am Souping besonders gut gefällt, ist die Tatsache, dass man es nicht vor einer Diät tut – es ist die Diät! Es ist nicht etwas, das man hinter sich bringen muss, damit man die nächste Phase erreicht. Es ist die Phase. Es ist ein Lifestyle, den man für immer beibehalten kann, weil man nicht hungert und sich so ernährt, dass der Körper mit allem versorgt wird. Und es ist so einfach, sich an dieses Programm zu halten, dass Souping nicht all die anderen Dinge in Ihrem anspruchsvollen Alltag stört.

EIN PLÄDOYER FÜRS GAREN

Vertreter der Raw-Food-Bewegung behaupten, dass Zutaten mehr von ihrem Nährwert behalten, wenn man sie nie stärker erwärmt als auf 42 °C. Wir aber haben gelernt, dass konservative Garmethoden – etwa das Kochen einer Suppe – die meisten Nährstoffe für den Körper besser verwertbar machen. Tatsächlich gehen sogar einige Nährstoffe verloren bzw. der Körper kann sie nicht aufnehmen, wenn man bestimmte Lebensmittel roh isst.

Dr. Joel Fuhrman schreibt in einem Artikel, dass schonendes Garen unter anderem die Verfügbarkeit pflanzlicher Stoffe erhöht. Der Grund: Bestimmte schädliche antinutritive Substanzen werden zerstört, die Verwertbarkeit von Antioxidanzien verbessert und der Körper kann deshalb mehr von den krebshemmenden pflanzlichen Wirkstoffe aufnehmen. Und was sagt uns das? Manchmal geht eben nichts über einen Teller heiße Hühnersuppe!

http://www.drfuhrman.com/faq/question.spx?qindex=4&sid=16

Soupure-Suppen sind ein Segen! Sie sind ideal dafür, den Ernährungsstatus zu verbessern und ein gesünderes Leben zu führen. Eigentlich bin ich kein Fan von Cleanses, aber das Soupure-Konzept hat mich fasziniert. Ich führte den 3-Tage-Mini-Cleanse durch und war überrascht. Ich war zufrieden, immer angenehm satt und verlor 2 Kilogramm. Außerdem: Die Suppen sind nicht nur nahrhaft, sondern auch überaus köstlich – ich war richtig süchtig nach ihnen! Mein Kollege und ich haben beschlossen jeden Montag einen 1-Tages-Cleanse durchzuführen, um die Woche mit einem Energie-Kick zu beginnen. Danke Soupure! — Leslie M.

AUF DIE PLÄTZE,
FERTIG,
LOS!

DIE NEUE ZUTATEN-VERORDNUNG FÜR IHRE VORRATSKAMMER

Wenn Sie sich jetzt auf einen Cleanse vorbereiten – und darauf, Ihr neues, besseres Leben zu leben –, sollten Sie verstehen, welche unglaublich große Bedeutung Lebensmittel bzw. die Ernährung hat. Hippokrates scherzte nicht, als er sagte: »Lass die Nahrung deine Medizin sein und die Medizin deine Nahrung.«

Unsere Suppen können Ihrem Körper helfen, sich selbst zu reinigen. Sie fluten ihn geradezu mit Makro- und Mikronährstoffen, mit Enzymen und vielen anderen lebensnotwendigen Vitalstoffen aus natürlichen Quellen. Kurz gesagt: Diese Suppen geben Ihrem Körper quasi jede Wunderdroge, die Mutter Natur erfunden hat.

Im Gegensatz dazu enthalten verarbeitete Lebensmittel chemische Zusatz- und Konservierungsstoffe. Die stehen im Verdacht Erschöpfung, Gewichtszunahme, Magen-Darm-Probleme und vieles mehr zu verursachen, was unsere Lebensqualität dramatisch beeinträchtigen und unser Leben insgesamt verkürzen kann. Ganz anders unsere Suppen: Sie sind zu 100 Prozent frisch, unbearbeitet, frei von Pestiziden und Zusatzstoffen und reich an Ballaststoffen – nicht nur, um die negativen Auswirkungen der Umweltverschmutzung zu bekämpfen, sondern auch, um Sie vor ganz alltäglichen Angriffen auf Ihre Gesundheit zu schützen.

Ob Sie abnehmen möchten oder eine Verletzung auskurieren, sich von einer Operation erholen, Ihre Libido stärken, zur Ruhe finden oder einfach nur etwas gegen eine Erkältung tun wollen – für all das gibt es eine Suppe. Suppen sind aber nur so gut wie die Zutaten, aus denen sie gemacht werden. Wir haben herausgefunden, wie man die wertvollen Inhaltsstoffe einer Vielzahl von Lebensmitteln – und Superfoods – verfügbar machen und sie auf köstlichste, zufriedenstellende Weise kombinieren kann. Wir haben erarbeitet, welche Nährstoffe und Vitamine den meisten Leuten in ihrer Ernährung fehlen, und sichergestellt, dass sie Teil unseres Suppen-Portfolios sind.

Betrachten Sie dieses Buch als Rezept für Gesundheit, Ihre Vorratskammer und Ihren Kühlschrank als Ihre neuen Apothekerschränke und das, was Sie essen, als Ihre neue Medizin. Jedes einzelne vollwertige, gesunde Lebensmittel, das Sie essen, gibt Ihnen alles, was Sie für starke Abwehrkräfte, gute Verdauung, geistige Kraft und Klarheit, hormonelle Ausgeglichenheit, verbesserte Libido und emotionales Wohlbefinden benötigen. Und auch wenn gutes Aussehen nicht alles ist, schadet es doch nicht, dass diese Lebensmittel mit dazu beitragen, dass man schlank und attraktiv ist und Gesundheit förmlich ausstrahlt.

Damit Sie eine Vorstellung davon bekommen, wie wesentlich es ist, ein breites Spektrum an Gemüse, Obst, Saaten, Nüssen, Hülsenfrüchten, Gewürzen und Kräutern zu sich zu nehmen, haben wir ein kleines Glossar für Sie zusammengestellt, in dem Sie die fantastischen Vorteile von einigen unserer Zutaten finden. Sie alle kommen in unseren Rezepten (ab Seite 120) vor. In diesem Kapitel finden Sie auch noch weitere Informationen über die Superkräfte von Lebensmitteln.

Ananas
- ist gut für die Knochen
- fördert die Verdauung
- wirkt vorbeugend und lindernd bei Erkältungen

Bananen
- lindern Regelschmerzen
- beruhigen einen gestörten Verdauungstrakt
- verringern das Nierenkrebs-Risiko

Datteln
- helfen bei Verdauungsproblemen
- verbessern die Kondition
- stärken das Herz

Erdbeeren
- wirken entzündungshemmend
- verringern das Krebsrisiko
- senken den Blutdruck

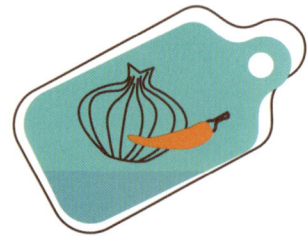

Ingwer
- wirkt verdauungsfördernd
- lindert Allergien
- beugt Erkältungen vor und lindert sie
- verbessert die Cholesterinwerte

Kichererbsen
- sättigen gut
- regulieren den Blutzucker
- wirken verdauungsfördernd

Knoblauch
- verbessert die Eisenaufnahme
- fördert die Herzgesundheit
- hat entzündungshemmende Eigenschaften

Kokosnuss
- hat antibakterielle Eigenschaften
- hydriert auf natürliche Weise
- regt den (Energie-)Stoffwechsel an

Kurkuma
- verringert das Krebsrisiko
- stabilisiert den Blutzuckerspiegel
- hilft der Leber beim Entgiften
- wirkt als natürliches Schmerzmittel

Leinsamen
- sorgen für hormonelles Gleichgewicht
- stabilisieren den Blutzuckerspiegel

- regulieren den Cholesterinspiegel
- verbessern die Fruchtbarkeit

Linsen
- stärken das Herz
- verbessern die Durchblutung
- kurbeln den Stoffwechsel an

Mandeln
- fördern den Gehirnentwicklung
- regulieren die Cholesterinspiegel
- kräftigen das Herz
- machen die Haut schön

Minze
- hilft bei Atembeschwerden
- verbessert das Hautbild
- verringert das Krebsrisiko
- hat antibakterielle Eigenschaften

Möhren
- verbessern die Sehkraft
- verbessern unreine Haut
- verringern Schlaganfall- und Krebsrisiko

Paranüsse
- beugen Herzerkrankungen vor
- verringern das Krebsrisiko
- unterstützen die Leberfunktion

Rote Bete
- hält die Knochen stark
- senkt den Blutdruck

- regt die Produktion von Sexual-
  hormonen an
- verringert das Krebsrisiko

Sonnenblumenkerne
- stärken die Knochen
- fördern die Herzgesundheit

Spinat
- hält die Knochen gesund
- senkt den Blutdruck
- schützt vor Augenerkrankungen
- verringert das Krebsrisiko

Vanille
- enthält schützende Antioxidanzien
- ist stark aphrodisierend
- verringert das Krebsrisiko
- wirkt beruhigend und schlaf-
  fördernd

Zitronen
- haben antibakterielle Eigenschaften
- bekämpfen Falten und Mitesser
- wirken stimmungsaufhellend

Zwiebeln
- fördern die Herzgesundheit
- haben entzündungshemmende
  Eigenschaften
- stärken Knochen und Bindegewebe

VON MARLYN DIAZ, ERNÄHRUNGSWISSENSCHAFTLERIN IN LOS ANGELES

Seit über 25 Jahren beschäftige ich mich intensiv mit Ernährung und Gesundheit. Aber schon in den 1970er-Jahren schrieb ich meine erste Hausarbeit im Studium über Lebensmittelzusatzstoffe und den Zusammenhang zwischen dem MNG in chinesischem Restaurantessen und Kopfschmerzen. Die zu dem Thema gesammelten Erkenntnisse überzeugten mich davon, dass das, was ich meinem Körper zuführe, seine Funktionen beeinflusst. Und als ich in meinen Zwanzigern mit eigenen gesundheitlichen Problemen zu kämpfen hatte (chronisches Erschöpfungssyndrom, Verdauungsbeschwerden, Hormonschwankungen), begann ich über den Tellerrand der konventionellen Medizin zu blicken und zu verstehen, dass Wohlbefinden auf der zellulären Ebene beginnt und dass Nahrung dem Körper Informationen liefert.

Seither forsche ich daran, wie einige Lebensmittel den Körper schädigen, während andere ihn heilen. Meine Schlussfolgerung ist: **Das Blut einer Pflanze nährt den Körper eines Menschen**. Sicher, Pflanzen haben kein Blut im eigentlichen Sinn, aber sie haben eine Lebensquelle: Chlorophyll. Und genau wie Pflanzen Gesundheit und Energie von der Sonne beziehen, beziehen wir unsere Gesundheit und Energie aus Pflanzen. Wenn wir eine Spargelstange zerkauen oder an Rosenkohlröschen knabbern, brechen wir die Zellen dieser Pflanzen auf und fluten unseren Körper mit all den Nährstoffen, die sie zu bieten haben. Gleichzeitig alkalisieren sie unseren Organismus und bringen ihn in Balance, lindern Entzündungen und fördern die Heilung. Diese Lebensmittel sind von Natur aus dazu gedacht, den Körper zu versorgen.

Wenn es darum geht, **wie** man Pflanzen essen sollte, sage ich meinen Klienten, sie sollten »den Regenbogen essen«. Indem Sie alle Farben zu sich nehmen, die in der Pflanzenwelt vorhanden sind, stellen Sie

sicher, dass Sie sich jede Menge wertvolle Mikro- und Makronährstoffe zuführen, die Krebs bekämpfen und entgiften. Denken Sie an
das Rot einer Tomate, das Orange eines Kürbisses, das Gelb einer
Paprikaschote, das Grün von Brokkoli, das Blau von Heidelbeeren und
das Violett einer Aubergine – jede der Farben ist ein Hinweis auf die
einzigartigen phytochemischen Fähigkeiten dieser Pflanze. Ein Grund
dafür, dass ich diese Suppen so sehr schätze, ist, dass sie einem so leicht
zu vielen verschiedenen Nährstoffen verhelfen.

Liefern Pflanzen genug Protein?

Wir sind zwar keine strikten Vegetarier, aber wir glauben beide an die Kraft
der Pflanzen und ihrer Proteine. Lassen Sie uns der Sache mal auf den Grund
gehen. Tierische Proteine (in Eiern, Milch und Milchprodukten, Geflügel,
Fleisch und Fisch) sind vollständig, pflanzliche (wie in Brokkoli, Spinat und
Grünkohl) unvollständig. Der Begriff vollständiges Protein bezieht sich auf
seine Bausteine: die Aminosäuren. Neun Aminosäuren sind essenziell, das
heißt unser Körper kann sie nicht selbst herstellen. Und hier kommen voll-
ständige Proteine aus der Nahrung ins Spiel.

Zwar enthält keine Pflanze jede einzelne dieser Aminosäuren, doch Be-
fürworter einer veganen oder vegetarischen Ernährung behaupten, dass
Menschen nicht jede essenzielle Aminosäure in jeder Mahlzeit brauchen und
dass eine pflanzliche Ernährung genügend Abwechslung und alle notwendigen Aminosäuren bietet. Wir glauben, dass man mit einer ausgewogenen
pflanzlichen Ernährung, so viel Protein bekommt, wie man benötigt. Doch
diejenigen unter Ihnen, die tierische Produkte (in Maßen) essen, sind auf
jeden Fall auf der sicheren Seite. Diese Produkte bestehen aus vollständigen
Proteinen und liefern außerdem Nährstoffe wie Vitamin B_{12} und Carnitin sowie essenzielle Fettsäuren und bestimmte fettlösliche Vitamine, die mit rein
pflanzlicher Ernährung schwer bzw. gar nicht zu bekommen sind.

Das Ende des Kalorienzählens

Jahrelang galt das Zählen von Kalorien als einzige Möglichkeit, ein gesundes Gewicht beizubehalten. Wir erinnern uns noch, wie wir uns damit gequält haben und dabei nicht wirklich wussten, was eine Kalorie eigentlich ist und ob darin tatsächlich das Geheimnis für eine schmalere Taille oder besseres Wohlbefinden schlummert. Wissenschaftlich ist eine Kalorie eine physikalische Einheit für Energie. Wenn Sie beispielsweise einen 100-Kalorien-Snack (streng genommen: 100 Kilokalorien bzw. 100 kcal) essen, heißt das, dass Sie Ihrem Körper 100 kcal Energie zuführen.

Kalorien sind nicht schlecht, denn sie liefern unserem Körper lebensnotwendige Energie für sämtliche Aktivitäten und Stoffwechselvorgänge. Doch nicht alle Kalorien sind gleich. Deshalb sollten Sie ein für allemal aufhören, Kalorien zu zählen.

Einer der Hauptgründe dafür ist, dass nicht alle Kalorien dick machen. Sogenannte »leere Kalorien«, also Kalorien aus raffinierten Kohlenhydraten (z. B. Zucker) und Alkohol, werden als Fett gespeichert und führen zur Gewichtszunahme. Außerdem sind sie absolut frei von Vitaminen, Mineralstoffen, Antioxidanzien, Aminosäuren oder Ballaststoffen. Im Gegensatz dazu werden Kalorien aus pflanzlichen Lebensmitteln wie Obst, Gemüse, Getreide, Nüssen und Hülsenfrüchten im Körper effizient verwertet. Statt also nachzusehen, wie viele Kalorien ein Schokoriegel und eine unserer Suppen haben, sollten Sie vergleichen, was diese Kalorien für Sie tun und wie jede einzelne Sie aussehen und sich fühlen lässt. Bitte vergessen Sie die Kalorien und hören Sie einfach auf Ihren Körper – er lässt es Sie spüren, wenn er richtiges Essen bekommt.

Muss es Bio sein?

Manche glauben, ein Bio-Siegel sei ein Marketing-Trick. Andere kaufen ausschließlich Bio-Produkte, weil sie davon überzeugt sind, dass diese Produkte besonders gut sind. Wer hat nun recht? Für unsere Soupure-Suppen verwenden wir zu 90 Prozent Bio-Zutaten. Soll das heißen, dass uns, nachdem wir die besten Zutaten gefunden haben, die Luft ausgegangen ist und wir noch zehn Prozent Mist dazugeben? Das kommt der Wahrheit nicht einmal im Ansatz nahe. Wir bemühen uns, wann immer möglich, ausschließlich Bio-Zutaten zu verwenden. Aber mal ganz ehrlich: Manchmal – so wie der gesundheitsbewusste Durchschnittsverbraucher – können wir einfach beispielsweise ein bestimmtes Gewürz in Bio-Qualität nicht finden, das eine Suppe abrunden soll. Wenn es sich um eine Zutat handelt, von der wir nur eine winzige Menge benötigen, greifen wir eventuell zu einem konventionellen (wenn möglich) regionalem Produkt. Es gibt durchaus Landwirte, die ökologischen Landbau betreiben, ohne einem Bio-Verband anzugehören. Sie dürfen ihre Waren nicht als Bio-Produkte verkaufen, auch wenn sie möglicherweise zehnmal gesünder sind als das, was man woanders bekommt.

Daraus haben wir gelernt, dass man sich nicht allein von Siegeln leiten lassen sollte, was allerdings etwas verwirrend sein kann. Uns geht es ja schließlich um Ausgewogenheit. Das gilt auch fürs Einkaufen. Hier eine kleine Einkaufshilfe, damit Sie ohne großen Aufwand an die besten Lebensmittel kommen.

Bio ist besser als konventionell. Wenn Sie Produkte mit einem Bio-Siegel kaufen, kaufen Sie etwas, das in gesunder Erde und ausschließlich mit Bio-Dünger (also ohne Pestizide, Herbizide oder andere Chemikalien) gewachsen ist. Das ist nicht nur besser für den Planeten, sondern auch besser für Sie. Pflanzen aus Bio-Anbau enthalten erwiesenermaßen mehr Antioxidanzien als Pflanzen aus konventioneller Landwirtschaft. Gleiches gilt für tierische Produkte (etwa Fleisch und Knochen). Bio bedeutet, dass die Tiere artgerecht aufgezogen wurden und es für den Einsatz von Medikamenten strenge Richtlinien gibt. Das ist nicht nur gut für das Tier, sondern auch gut für Sie.

Im Zweifelsfall regionale Produkte kaufen. Weil Lebensmittel, die in Ihrer Region produziert wurden, nicht um die halbe Welt verschifft werden mussten, sind sie billiger als Bio-Produkte von anderen Kontinenten. Auch wenn kleinere landwirtschaftliche Betriebe nicht einem Bio-Verband angehören, heißt das nicht, dass sie schweres chemisches Geschütz auffahren. Kaufen Sie auf dem Wochenmarkt und sprechen mit den Verkäufern. Am meisten erfährt man, wenn man den Bauern persönlich begegnet.

Ist Bio drin, wenn Bio draufsteht?

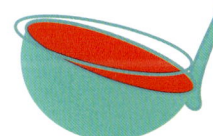

Seien Sie auf der Hut, wenn Sie beim Einkaufen auf Lebensmittel stoßen, die mit vollmundigen Aussagen und romantischen Bildern beworben werden. »Direkt vom Hof«, »Natur pur«, »rein«; Bilder von glücklichen Kühen, wogenden Feldern oder üppigen Obstgärten. Diese Versprechen sind ohne ein Bio-Siegel der EU oder von einem anerkannten Bio-Verband nichts wert. Andererseits sind Bio-Fertigprodukte nicht immer so gut, wie man meinen könnte. Sie dürfen Substanzen wie Xanthan, Sojalezithin oder Carrageen enthalten, obwohl diese Zusatzstoffe häufig als schädlich eingestuft werden. Faustregel: Lesen Sie die Packungsangaben und kaufen Sie nichts mit Zutaten, die Sie selbst nie im Vorrat haben würden.

Super-Zutaten

Alle pflanzlichen Produkte kommen in diesem Buch super weg. Aber einige sind noch viel besser als andere. Diese hochwirksamen Suppen-Bereicherer sind üblicherweise hoch konzentriert und stammen aus den entferntesten Ecken der Erde. Deshalb sind sie auch etwas teurer als heimisches Obst und Gemüse. Aber wir versprechen Ihnen: Das Geld, das Sie für diese Zutaten – die Sie als Heilmittel betrachten sollten – ausgeben, investieren Sie in Ihre Gesundheit. Und das zahlt sich aus!

Natürlich müssen Sie jetzt nicht losgehen und alle auf einmal kaufen. Versuchen Sie doch, sich nach und nach eine kleine Sammlung zuzulegen. Nehmen Sie einfach jedes Mal (oder jedes zweite Mal) wenn Sie einkaufen gehen, eine oder zwei dieser Zutaten mit; so müssen Sie nicht auf einen Schlag viel Geld ausgeben. Es dauert dann nur wenige Wochen oder Monate, bis Sie die wirksamsten Zutaten der Welt im Vorrat haben. Sie können sie sofort verwenden – erst für unsere Suppen, später dann für Ihre eigenen Rezepte. Sollte in Ihrer Nähe kein Bio-Laden oder Reformhaus sein, können Sie alles auch online bestellen.

- *Ahornsirup.* Der eingedickte Saft des Zuckerahorns steckt voller Mineralstoffe. Er liefert mehr Mangan, Riboflavin und Zink und anteilmäßig weniger Zucker als Honig.

- *Aprikosen, getrocknete.* Diese Trockenfrüchte sind reich an löslichen Ballaststoffen, die dazu beitragen können den Cholesterinspiegel zu senken. Sie liefern viel antioxidativ wirkendes Beta-Karotin und sind eine gute Quelle für pflanzliches Eisen. Die roten Blutkörperchen benötigen Eisen, um Sauerstoff zu binden und zu den Zellen transportieren zu können.

- *Brennnessel- und Löwenzahntee.* Seit Generationen als pflanzliche Arzneien bekannt, können sowohl Brennnessel- als auch Löwenzahntee

Schwellungen abklingen lassen. Oft werden sie als mildes Diuretikum eingesetzt. Sie schließen Fette und Schadstoffe in der Leber auf und unterstützen die Organe bei ihren blutreinigenden Aufgaben.

- *Chia-Samen.* Schon Maya und Azteken wussten um die appetitzügelnden Eigenschaften dieser Samen aus der Wüste. Chia-Samen enthalten Proteine, Ballaststoffe, Kohlenhydrate, Mineralstoffe und Vitamine in ungewöhnlich hoher Konzentration. Außerdem liefern sie Antioxidanzien, können den Cholesterinspiegel senken und sorgen für starke Knochen.

- *Cordyceps.* Dieses Pilzpulver wird von Sportlern geschätzt, weil es Bewegungsabläufe, Kondition und Abwehrkräfte positiv beeinflusst.

- *Honig.* Er ist nicht nur das köstlichste Süßungsmittel, das die Natur zu bieten hat, er wirkt auch antimikrobiell, virostatisch, fungizid und antioxidativ. Die Phytonährstoffe im Honig beugen außerdem Krebserkrankungen vor und hemmen das Tumorwachstum. Doch Honig ist nicht gleich Honig. Kaufen Sie nur unbehandelten Honig, möglichst in Bio-Qualität. Honig, der behandelt oder erhitzt wurde, hat kaum noch Nährwert.

- *Maca-Wurzel.* Diese Verwandte des Rettichs wird in den Hochplateaus der Anden angebaut und fördert die Libido, gleicht den Hormonspiegel aus und schmeckt zudem ein bisschen nach Karamell.

- *Miso.* Die fermentierte Sojapaste gab es vermutlich schon 500 v. Chr. In China und Japan ist sie ein Grundnahrungsmittel. Heutzutage startet der Großteil der japanischen Bevölkerung mit einer Schale heißer Miso-Suppe in den Tag, weil sie wärmt, stärkt und die Verdauung anregt. Miso enthält alle essenziellen Aminosäuren (also vollständiges Protein), regt die Bildung von Verdauungsflüssigkeit im Magen an, gibt dem Verdauungstrakt nützliche Probiotika zurück, kräftigt Blut und Lymphe, verringert das Brust-, Prostata-, Lungen- und Darm-

krebsrisiko, schützt vor Strahlung, stärkt das Immunsystem; senkt die Cholesterinwerte und enthält jede Menge Antioxidanzien, die vor freien Radikalen schützen.

Bedenken Sie: Sojabohnen können schwer verdaulich sein, doch werden sie fermentiert, kann der Organismus die enthaltenen Nährstoffe verwerten. Es besteht also ein Riesenunterschied zwischen Miso und Sojagranulat. Achten Sie beim Kauf unbedingt auf eine *unpasteurisierte* Miso-Paste – sie sollte im Kühlregal im Asia-Supermarkt und auch im Bio-Laden zu finden sein.

- *Reishi-Pulver**. Kaum ein Mittel wird in der chinesischen Medizin länger verwendet als dieses Pilzpulver. Seit über 2000 Jahren nutzt man dessen göttlichen Kräfte. Es enthält die seltene ganoderische Säure, der man antibakterielle und virostatische Eigenschaften zuschreibt und die das Tumorwachstum hemmen soll.

* *Kinder, Schwangere, Stillende und Menschen mit chronischen Erkrankungen sollten Reishi wegen noch unerforschter möglicher Nebenwirkungen meiden bzw. nur nach Rücksprache mit ihrem Arzt oder Therapeuten verwenden. V. a. bei Bluthochdruck können Wechselwirkungen mit Medikamenten entstehen.*

Die allerwichtigste Zutat: Wasser

Mehr als die Hälfte des Körpers besteht aus Wasser. Ein guter Grund also, hydriert zu bleiben. Doch Wasser ist auch entscheidend an der Entgiftung des Körpers beteiligt. Unsere Körperzellen verfügen über ein eigenes Entgiftungssystem und geben daher ständig Schadstoffe, Chemikalien und zelleigene Abbauprodukte ins Blut ab. Diese werden von Wasser herausgelöst. Wegen Stress oder ungesunder Lebensweise sind viele von uns latent übersäuert. Unser Körper ist ständig damit beschäftigt Schadensbegrenzung zu leisten. Die Folge: Es gelangen sehr viel Entgiftungsprodukte ins Blut. Deshalb raten wir dazu, morgens als Allererstes ½ Liter Wasser zu trinken – stellen Sie sich vor, nachts war die Putzkolonne zum Aufräumen da, und nun muss der Abfall entsorgt werden. Also: aufwachen, Wasser trinken, auf die Toilette gehen und noch mehr Wasser trinken – raus mit dem Müll und rein mit den guten Sachen. Außerdem sind Sie so auf dem besten Weg, hydriert zu bleiben. Wasser ist auch für die Hirngesundheit wichtig. Wenn Sie also nicht klar denken können oder sich benommen fühlen: Wasser trinken. Wasser ist *das* Lebenselixier!

Eine Ernährung, die reich an pflanzlichen Produkten ist, kann dazu beitragen, dass Sie Ihr Wasser-Ziel erreichen. Doch man muss auch viel Wasser trinken.

Ein gesunder Mensch benötigt am Tag pro Kilogramm Körpergewicht 30 bis 40 Milliliter (ml) Wasser. Um herauszufinden, wie viel Wasser Sie täglich benötigen, multiplizieren Sie einfach Ihr Körpergewicht in Kilogramm mit 0,03. Zum Beispiel: 55 Kilogramm mal 0,03 ergibt 1,65. Sie sollten also mindestens 1,65 Liter Wasser am Tag trinken.

Manchmal hören wir von Leuten, dass sie kein Wasser mögen. Deshalb haben wir in dieses Buch drei Rezepte für köstliche aromatisierte basische Wasser aufgenommen (Seite 126 bis 130). Auch Kräutertee ist ein gutes Getränk – allerdings nur ohne Zucker oder künstlichen Süßstoff.

Bedenken Sie, dass Ihr Flüssigkeitsbedarf durch körperliche Belastung (z. B. durch Sport) und auch durch das Trinken von Alkohol steigt. Dann müssen Sie noch mehr Wasser trinken. Eine Faustregel, die stimmt: Wenn Sie Durst verspüren, ist das ein sicheres Signal dafür, dass Ihr Körper dringend Wasser braucht. Versuchen Sie, einer Dehydrierung vorzubeugen – mit köstlichen aromatisierten basischen Wässern sollte das ja kein Problem mehr sein.

Nun wollen Sie sicher wissen, welches Wasser Sie trinken sollten. Ganz einfach: Wasser, das so rein und so basisch wie möglich ist. Wie es um das Trinkwasser aus der Leitung bestellt ist, können Sie bei dem für Sie zuständigen Wasserversorgungsunternehmen erfragen. Wer auf Nummer Sicher gehen möchte, kann zu basischem Mineralwasser greifen. Das erkennen Sie daran, dass es pro Liter mehr als 1,3 Gramm Hydrogencarbonat enthält. Basisches Wasser belebt und kurbelt den Stoffwechsel an, baut das Immunsystem wieder auf und hilft dem Körper dabei, Vitamine und Nährstoffe besser zu verwerten. Es ist nun mal so: Die Organe arbeiten in einer basischen Umgebung am besten. Indem Sie basisches Wasser trinken, halten Sie Ihren Körper sauber und helfen ihm, bestmöglich zu funktionieren. Deshalb verwenden wir es für unsere aromatisierten Wässer – von denen Sie den ganzen Tag über immer mal wieder ein paar Schlucke nehmen sollten, vor allem wenn Sie einen Cleanse durchführen.

Gute Fette, schlechte Fette – gibt es das wirklich?

Sie werden feststellen, dass in einigen unserer Rezepte Fett vorkommt. Aus Nüssen, aus Saaten oder aus Oliven. Fakt ist: Fett macht nicht dick. Wie Sie ab Seite 23 lesen konnten, sind es verarbeitete Lebensmittel, raffinierter Zucker und eine ansonsten unausgewogene Ernährung mit schlechten Lebensmitteln, die Sie zunehmen lassen.

Ohne Fett kann der Körper viele der wichtigen Vitamine und Mineralstoffe, die man zu sich nimmt, nicht verwerten, etwa die Vitamine A, E und D. Jede Zellmembran des Körpers ist von Fett umgeben, was Stoffwechsel überhaupt möglich macht. Bestimmte Nerven sind mit Fett umhüllt, was die Informationsweiterleitung beschleunigt. Fett reguliert den Hormonhaushalt und die Körpertemperatur. Fett schützt die wichtigsten Organe vor Verletzungen. Fett ist hochwirksame Gehirnnahrung und beschleunigt die Signalübermittlung. Und Fett macht Haut und Haar schön, geschmeidig und begehrenswert. Sprechen Sie uns nach: Fette sind gut für uns.

Verzichten Sie also nicht auf Fett, wenn Sie fit bleiben möchten. Die Natur hat vorgesehen, dass Fette uns helfen, auf dieser Erde zu überleben, uns fortzupflanzen und uns wohlzufühlen. Deshalb reichern wir unsere Suppen mit Fetten aus Nüssen und Saaten sowie mit bestem Olivenöl an.

FETT-KNOWHOW

»Gute« Fette. Haben einen hohen Anteil an Omega-3-Fettsäuren. Diese gehören zu den essenziellen Fettsäuren, die man dem Körper zuführen muss, weil er sie nicht selbst herstellen kann. Wir bekommen sie aus Gemüse, Nüssen, Saaten und Fisch.

»Schlechte« Fette. Dazu gehören Transfettsäuren und gesättigte Fettsäuren, darunter Fette aus Margarine und Butter, Frittierfett, Öle in Fertiggerichten, gehärtete Fette, Fette mit einem hohen Anteil an Omega-6-Fettsäuren (z. B. Sojaöl) und die meisten raffinierten Pflanzenöle. Sie lassen das schlechte Cholesterin (die Sorte, die die Arterien verstopft) ansteigen und können Entzündungen auslösen, was wiederum das Risiko erhöht, krank zu werden.

Ist es schlimm, wenn in den Suppen Zucker ist?

Zur Zeit wird kontrovers diskutiert, wie viel Zucker man am Tag essen darf und ob es okay ist, Zucker zu verzehren, der aus Obst und Gemüse stammt. Wir wissen Folgendes: Eine Ernährung aus Obst und Gemüse führt nicht zu chronischen Erkrankungen. Wenn man Lebensmittel in ihrer ursprünglichen Form zu sich nimmt, bekommt man ihren (natürlichen) Zucker, aber auch ihre Ballaststoffe, die nicht nur Schadstoffe binden, sondern auch dafür sorgen, dass der Blutzuckerspiegel nur sanft ansteigt und langsam wieder abfällt.

Wenn wir unsere Suppen süßen, dann verwenden wir natürliche, unverarbeitete Zucker. Geringe Mengen von Ahornsirup, Honig, Datteln und getrocknete Aprikosen liefern den gewünschten Geschmack, ohne unseren Organismus mit Zucker zu überlasten und dann zusammenbrechen zu lassen.

Gleich kann's losgehen

Inzwischen haben Sie eine klare Vorstellung davon, *was* Ihren Körper versorgt und ihm zu optimaler Gesundheit verhilft. Nun ist es an der Zeit, darüber zu sprechen, *wie* man das angeht. Wie schaffen Sie Ihrem Körper den Raum, den er benötigt, um sich zu regenerieren? Wie bringen Sie Organe, Gewebe und Blut in Schwung, damit sie so gut wie möglich arbeiten? Kurz gesagt: Es ist Zeit für einen Cleanse.

ZEIT ZUM ENTGIFTEN: DER CLEANSE

Bei unserem Cleanse handelt es sich um eine umfassende Methode, mit der Sie Ihren Körper resetten, also wieder in seinen natürlichen Rhythmus zurückführen können. Wir lassen ihn dabei nicht hungern, sondern verwenden die Nahrung, um seine natürlichen Reinigungsprozesse zu unterstützen. Normalerweise muss der Körper Nahrung verdauen, was Energieaufwand bedeutet. Wird Energie zusätzlich für andere Dinge des Lebens benötigt – das kann negativer oder positiver Stress sein –, schafft es Ihr Körper möglicherweise nicht, die Nahrung in voller Bandbreite aufzuschließen. Und wenn das geschieht, können Inhaltsstoffe der Nahrung nicht verwertet und den Zellen zugeführt werden, die sie am dringendsten benötigen. Deshalb sind Suppen so großartig.

Souping ist die beste Methode den Körper in Balance zu bringen und ihn zu resetten. Ich beginne jeden Tag mit einem basischen Wasser, um die über Nacht entstandene Säure auszugleichen. Anschließend trinke ich eine Knochenbrühe, um mein Verdauungssystem darauf vorzubereiten, das gesunde Essen, was ich tagsüber zu mir nehmen, optimal verwerten zu können. Seit ich das Suppen-Cleansing durchführe, habe ich keine Blähungen oder Verdauungsprobleme mehr, meine Haut ist reiner, glatter und weniger fettig – sogar das Haar hat einen schönen Glanz. Soupure hat mein tägliches Leben verbessert und mich zu einem bewussteren Umgang damit ermutigt. — **Michael F.**

Suppen fluten die Zellen mit allen Nährstoffen, die sie brauchen. Gleichzeitig gestatten sie dem Verdauungssystem auszuruhen und Abfallstoffe über seine gesunden Organe auszuscheiden. Der Körper kann dadurch seine Energie auf die Selbstheilung konzentrieren und zügig wieder zu Kräften kommen. Und noch etwas: Indem Sie Ihrem Körper eine Pause von Reizmitteln und Schadstoffen gönnen, geben Sie ihm Raum, wieder so zu werden, wie er sein will: ausgeglichen, ausgeruht und widerstandsfähig. Die Cleanse-Methode ist so sanft, dass wir in Absprache mit Ärzten unsere Suppen sogar Patienten anbieten durften, die sich gerade einer Chemotherapie unterzogen und flüssig ernährt wurden.

Mit unseren Rezepten kommen Sie in den Genuss aller gesunden Vorteile von Obst und Gemüse, einschließlich der nährstoffreichen Schalen. Im Gegensatz zu Saft-Cleanses, die auf süßem Obst basieren und zu Blutzuckerspitzen und Energieeinbrüchen führen können, bietet unser Cleanse das gesamte Geschmacksspektrum von süß bis herzhaft. Und weil wir die ganzen Pflanzen verwenden, werden die Nährstoffe dem Körper auf sanftere Weise angeboten. Das ist auch für einen Cleanse großartig, weil die Ballaststoffe eine Schlüsselrolle beim Entgiften spielen – sie binden Rückstände ganz natürlich und leiten sie aus. Ballaststoffe helfen zudem, das Körpergewicht zu regulieren. Weil bestimmte Zutaten gegart werden (insbesondere solche, die vom Körper schwer aufzuschließen sind), werden die guten Stoffe leichter verdaulich und besser verwertbar.

Im Gegensatz zu Saft- oder Master-Cleanses oder anderen »Hunger«-Cleanses, die Ihnen viel vorenthalten, ist unser Suppen-Cleanse richtiges Essen. Eine echte vollwertige Nahrung, die alle Nährstoffe bietet, die Ihr Körper braucht. Vereinfacht gesagt: Flüssigdiäten bauen den Körper nicht auf. Unsere Suppen jedoch versorgen und unterstützen Ihren Organismus und liefern dabei reichlich Energie; und die brauchen Sie ja für jeden (stressigen) Tag. Sie essen den ganzen Tag echte Lebens-Mittel – nur werden sie in einer Form dargereicht, die Ihrem Körper Raum zum Ruhen und Heilen gibt.

WELCHE ERFOLGE KANN ICH VON EINEM CLEANSE ERWARTEN?

SIE KÖNNEN SICH DARAUF FREUEN, NACH IHREM CLEANSE BESSER AUSZUSEHEN UND SICH BESSER ZU FÜHLEN. HIER SIND EIN PAAR WEITERE MÖGLICHE POSITIVE VERÄNDERUNGEN:

- Gewichtsabnahme und weniger Völlegefühl
- Bessere Verdauung
- Bessere Laune
- Weniger Magen-Darm-Probleme
- Linderung chronischer Symptome
- Geringere Entzündungsneigung
- Unterstützung und Regeneration der Organe
- Gesündere Haut und gesündere Nägel
- Mehr Energie und weniger Erschöpfung

Wann ist ein guter Zeitpunkt für einen Cleanse? Eigentlich immer: Wenn Sie Ihr Energielevel erhöhen möchten; wenn Sie abnehmen wollen; wenn eine Operation ansteht und Sie wünschen, dass Ihr Körper gut vorbereitet ist; wenn Sie sich von einer Operation oder einer Verletzung erholen; wenn Sie sich vorgenommen haben, sich von nun an gesünder zu ernähren; oder wenn ein Ereignis ansteht, für das Sie einfach fantastisch aussehen möchten. Was auch immer Ihr Grund ist: Wir versprechen Ihnen, dass Sie sich nach Abschluss des Cleanses besser fühlen werden, als Sie je zu träumen gewagt haben. Und weil Sie nicht hungern mussten, um dieses Ziel zu erreichen, sollte es für Sie leichter sein, all das Positive, das Sie erreicht haben, aufrecht zu erhalten.

Sie brauchen keinen besonderen Grund, um mit unserem Cleanse zu beginnen – und Sie können jedes nur erdenkliche Motiv dafür haben. Hier sind unsere ganz persönlichen Lieblingsgründe für einen Cleanse:

- *Er gönnt dem Körper eine Ruhepause.* Nahrung aufzuschließen verbraucht eine Menge Energie. Ein Soup-Cleanse entlastet den Körper davon, versorgt Sie aber dennoch bestens mit nährstoffreichen Lebensmitteln wie Gemüse, Obst, Nüsse und Saaten.

- *Er kann einen Neuanfang einläuten.* Ein Cleanse ist eine ideale Möglichkeit, die Ernährung umzustellen. Gleich ob Sie Ihren Lifestyle komplett verändern wollen, zu oft beim Essen gesündigt haben oder sich einfach nicht richtig wohl fühlen – Ihr Körper braucht nur ein paar Suppen-Tage, um sich von innen zu reinigen und sich auf die besseren, helleren Tage, die vor Ihnen liegen, vorzubereiten.

- *Er ist etwas ganz Natürliches.* Wenn Sie Haustiere haben, dann achten Sie einmal darauf, was sie tun, wenn sie sich unwohl fühlen – sie fasten! Die meisten Tiere, domestizierte genauso wie wilde, wissen, dass ihre Systeme eine Ruhepause brauchen, wenn ihre Körper heilen sollen. Ein Cleanse hat gleich zwei Vorteile: Er gibt dem Verdauungstrakt Gelegenheit, sich auszuruhen und dem Körper alles, was er zum Regenerieren braucht.

- *Er kann helfen, wenn die Gewichtsabnahme stagniert.* Wenn Sie versuchen abzunehmen, aber das Gewicht einfach nicht mehr runtergeht, kann ein Cleanse Ihrem Körper die nötigen Impulse geben. Ein Cleanse trickst den Körper aus, indem er ihm nicht tagein, tagaus die gleichen gewohnten Lebensmittel zuführt und gibt ihm so Gelegenheit, sich neu einzustellen.

BITTE BEACHTEN SIE

Die Informationen in diesem Buch sind nicht als Ersatz für ärztliche Untersuchung, ärztlichen Rat oder medizinische Behandlung gedacht. Unsere Suppen sind zwar wirkungsvolle Heilmittel und eine bekömmliche Ernährung für jeden, doch es ist ratsam, dass Sie den Cleanse mit Ihrem Arzt, Heilpraktiker oder Ernährungstherapeuten besprechen. So gehen Sie sicher, dass Sie mit unseren Suppen alle Nährstoffe erhalten, die Sie benötigen.

Fünf Jahre lang habe ich mich mit Übergewicht und allen möglichen Diäten herumgeschlagen. Meine Cholesterin- und Blutzuckerwerte waren zu hoch und mein Arzt wollte mir entsprechende Medikamente verschreiben. Mir war klar, dass ich mein Gewicht senken und meine Ernährungsweise ändern muss. Ein Teil meines Problems ist, dass ich morgens das Haus verlasse, den ganzen Tag arbeite und zwischendurch ungesund esse. Aber dann hörte ich von Soupure. Ich liebe Suppen und war gespannt auf einen Suppen-Cleanse. Als ich feststellte, dass ich acht Produkte am Tag essen bzw. trinken und auch mitnehmen kann, beschloss ich den 5-Tage-Cleanse zu probieren. Ich verlor gut 2 Kilogramm! Davon war ich so begeistert, dass ich mit meinem Arzt einen Langzeit-Suppenplan ausarbeitete, der meinen Bedürfnissen entsprach. Ich hungere nicht mehr! Ich esse mehrmals am Tag und fühle mich satt und zufrieden. Die Suppen bereite ich in größerer Menge vor, fülle sie in Flaschen und nehme sie zur Arbeit mit. Anstatt zu Süßigkeiten zu greifen, trinke ich lieber eine kalte Suppe. Innerhalb von 4 Monaten habe ich etwa 15 Kilogramm und mehr als 12 Zentimeter Taillenumfang verloren. Meine Blutwerte sind besser und ich bin gesünder als vorher. Ich fühle mich sogar dermaßen stark, dass ich nach vielen misslungenen Versuchen nun endlich mit dem Rauchen aufhören konnte. — Charlie W.

Cleansing auf einen Blick

Ob Sie sich für einen ein- oder mehrtägigen Cleanse oder für einen dreitägigen Mini-Cleanse entscheiden (mehr dazu im nächsten Kapitel), Ihr Tagesablauf bleibt gleich. Sie bekommen die gleiche Art von Nahrung in Abständen, die den natürlichen körpereigenen Rhythmen entsprechen. Auf diese Weise erhalten Sie nicht nur all die Nährstoffe, die Sie benötigen, sondern auch in einer Form, in der sie Ihr Körper optimal verwerten kann. Jeden Tag gibt es andere Suppen – wer mag schon immer wieder das Gleiche essen.

Hier sehen Sie, wie Ihr Tagesplan während eines Soup-Cleanses aussehen wird – keine Sorge, hungern müssen Sie nicht! Wenn Sie vorhaben, während des Cleanses körperlich aktiver zu sein oder befürchten, Sie könnten nicht genug zu essen bekommen (Sie werden sich wundern!), lesen Sie ab Seite 81, wie Sie den Plan Ihren persönlichen Bedürfnissen anpassen.

- *Kühler Start am Morgen.* Beginnen Sie den Tag mit ½ Liter Wasser (mit Raumtemperatur). Trinken Sie entweder pures Wasser mit einem Spritzer frischem Zitronensaft oder eines unserer aromatisierten basischen Wässer (Seite 126–130). Die Idee dahinter: Dieser Mikro-Cleanse schwemmt alles aus, was sich über Nacht im Verdauungstrakt angesammelt hat. Vor allem Zitrusfrüchte sorgen dafür, dass Toxine aus dem Körper befördert werden, ohne dass er dafür Energie aufwenden muss. Außerdem wirken sie alkalisierend und hydrierend. Das Wasser sollte Raumtemperatur haben; kaltes Wasser könnte Milz und Verdauungstrakt überfordern.

- *Warmer Morgentrunk.* Brühen (Seite 157–162) sind eine Wohltat für Magen und Darm, besonders wenn man sie auf leeren Magen zu sich nimmt. So kommen wirklich alle Nährstoffe der Brühen dem Körper zugute, statt dass sie für die Verdauung anderer Speisen verwendet werden. Einige unserer Suppen enthalten Miso, ein Probiotikum, das voller Enzyme steckt und vollständiges Protein liefert. Es kann auch Schwermetalle und Strahlung ausleiten. Außerdem enthalten die Brühen Kombu, ein essbarer Seetang, der reichlich Jod liefert (ein notwendiges und ausgleichendes Element) und ebenfalls bei der Ausleitung von Schwermetallen hilfreich ist. Vor allem hilft Brühe auf sanfte Art, den Körper morgens zu erwärmen und auf den Tag vorzubereiten.

- *Kaltes Frühstück oder erfrischende Stärkung nach dem Training.* Unser »Superhero« (Seite 172) ist eine kühle Mischung aus Saaten, Nüssen und Superfoods. Er liefert alle Omega-3- und 6-Fettsäuren, die Sie den Tag über brauchen und schmeckt köstlich. Das Fettsäurenverhältnis ist optimal, was sich positiv auf Gehirn- und Herzgesundheit, Cholesterinspiegel, Entzündungen und Energielevel auswirkt. Sie bekommen zudem ein wenig Zink, ein Antioxidans, das hilft, stressbedingte Schäden im Körper zu heilen, sowie Selen, das eine Schlüsselrolle für die Gehirnchemie hat. Wechseln Sie »Superhero« mit unseren anderen Nuss-Drinks (Seite 168–171). Diese »Suppen« sollten Sie am Morgen trinken; sie kurbeln den Stoffwechsel an. Ihr Körper hat immer die Wahl, ob er seine Energie aus Fett oder aus Kohlenhydraten bezieht. Weil Sie bis jetzt noch keine Kohlenhydrate zu sich genommen haben, bedient er sich an Ihren Fettreserven – und das ist gut so! Wenn Sie auf Nüsse allergisch reagieren, sollten Sie anstelle von »Superhero« oder anderer Nuss-Drinks zu kalter Suppe mit Gurke, Trauben und Melone (unser »Refresh«) oder mit Ananas, Papaya und Fenchel (unser »Breathe«) greifen (Seite 131 f.).

- *Warmes Mittagessen.* Das Mittagessen besteht oft aus einer heißen Suppe auf Gemüsebasis, die Olivenöl enthält (Seite 140–154). Das Öl verwenden wir, damit Sie die in der Suppe enthaltenen fettlöslichen Vitamine (wie A, E und D) aufnehmen können. Die Ballaststoffe aus dem Gemüse putzen den Darm aus und sorgen dafür, dass Sie sich wohl und gut gesättigt fühlen. Während der Körper das Gemüse aufschließt, bekommen Sie nicht nur all Ihre Vitamine, sondern füttern auch noch die Darmflora. Außerdem tut eine heiße Suppe einfach richtig gut – diesen Teil des Tages werden Sie besonders genießen.

- *Kalter Snack am Nachmittag.* Eine kühle »Suppe« auf Obstbasis (Seite 132) bietet schnell verfügbare Glukose und Fruktose. So bekommen Sie rasch Energie, ohne sich den nächsten greifbaren Schokoriegel einverleiben zu müssen.

- *Warmes Abendessen.* Das Abendessen besteht, genau wie das Mittagessen, aus einer heißen Suppe auf Gemüsebasis. Sie enthält gerade so viel gesundes Fett, dass Ihr Körper alle Nährstoffe aufnehmen kann (Seite 138, 142, 143, 150, 152, 154). Die Suppen, die wir für den Abend empfehlen, enthalten oft Hülsenfrüchte wie Linsen oder stärkehaltiges Gemüse wie Süßkartoffeln, damit Sie angenehm gesättigt sind und gut schlafen können.

- *Schlummertrunk.* Einige unserer Cleanse-Teilnehmer lassen den Tag gern mit einer wohltuenden Gemüsebrühe ausklingen. Falls Ihnen eher nach etwas Süßem ist, könnten Sie sich einen Becher Latte oder Tee, z. B. »Sweet Dreams« (Seite 174) gönnen.

Zusätzlich zu den täglichen Suppen sollten Sie unbedingt den Tag über immer mal wieder ein paar Schlucke Kräuter- oder Früchtetee oder (aromatisiertes) basisches Wasser trinken, damit Ihr Körper im Gleichgewicht bleibt und Sie genug Flüssigkeit zu sich nehmen. Sie können auch noch Snacks essen; mehr dazu ab Seite 214.

ES KANN LOSGEHEN

Sind Sie bereit für Ihren Cleanse? Wir sind es! Wir können es kaum erwarten, dass Sie diese unglaubliche Verwandlung erleben, ganz ohne Verzicht oder Hunger. Sie werden sich wünschen, jemand hätte Ihnen schon viel früher erzählt, wie köstlich und sättigend ein Cleanse sein kann.

CLEANSE AUSWÄHLEN UND VORBEREITEN

Ob Detox-Experte oder nervöser Anfänger – es gibt wirklich für jeden den geeigneten Cleanse. So finden Sie den, der für Sie der richtige ist.

1-TÄGIGER CLEANSE

Für Sie geeignet, wenn …

… das einzige Gemüse, das Sie essen, von Ihrem Burger stammt.

… das Wort Detox Sie in Angst und Schrecken versetzt.

… Sie sich mit Detox auskennen und nach Ihrem 5-tägigen Cleanse einmal in der Woche einen Schalttag einlegen möchten. (Was wir sehr empfehlen! Nichts geht über einen wöchentlichen Mini-Cleanse, der alles am Laufen hält.)

3-TÄGIGER CLEANSE

Für Sie geeignet, wenn …

… Sie mit gesundem Essen bereits geflirtet haben, aber noch keine feste Beziehung mit ihm eingegangen sind.

… Sie ein abenteuerlustiger Detox-Neuling sind.

… Sie an diesem Wochenende für ein Klassentreffen/eine Hochzeit/ einen Theaterabend/ein großes Fest umwerfend aussehen möchten.

… Sie gegen einen Infekt ankämpfen. Nichts hilft bei Erkältung, Husten oder anderen leichten Beschwerden besser als ein Tag mit unseren nahrhaften Suppen.

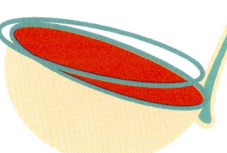

3-TÄGIGER MINI-CLEANSE

Dieses Programm unterscheidet sich vom 3-tägigen Cleanse insofern, als dass Sie entweder mittags oder abends (wann es Ihnen lieber ist) eine feste Mahlzeit ersetzen. Rezeptvorschläge finden Sie ab Seite 206.

Für Sie geeignet, wenn …
- … Sie den 1-tägigen Cleanse geschafft haben, aber zu einem 3-tägigen noch nicht bereit sind.
- … Cleansing neu für Sie ist, Sie sich aber gern einer Herausforderung stellen möchten.
- … es schwierig ist, bei Ihrem Tagesablauf jede Mahlzeit durch eine Suppe zu ersetzen.
- … Sie Suppen in Ihren täglichen Speiseplan aufnehmen möchten, aber auch wie gewohnt etwas zu kauen haben wollen.

5-TÄGIGER CLEANSE

Für Sie geeignet, wenn …
- … Sie ein Cleanse-Neuling, aber furchtlos sind – möge die Heilung beginnen!
- … Sie unangenehme Symptome verspüren und Ihrem Körper Raum dafür geben möchten, seinen Pflichten nachzukommen.
- … Sie alle möglichen Cleanses erfolgreich hinter sich gebracht haben und Cleansing nun auf ein neues Level heben möchten.
- … Sie abnehmen und Ihre Ernährungsgewohnheiten verbessern möchten und dafür einen Startschuss brauchen.

Einen Suppen-Cleanse zu machen ist so, als sei man in einem Restaurant, das die unglaublichsten Suppen und Smoothies anbietet. Ich habe sogar während einer mehrtägigen Klassenfahrt einen Suppen-Cleanse durch-geführt und war voll und ganz zufrieden, während meine Schüler sich die ganze Zeit mit Burgern & Co. vollgestopft haben. — **Tabitha S.**

EXTRA PLUS

Damit Sie in Hochform bleiben, empfehlen wir Ihnen das folgende Langzeit-Programm zum Cleansen:

- Ein 1-tägiger Cleanse einmal pro Woche, um die Systeme regelmäßig zurückzusetzen.

- Ein 3-tägiger Cleanse einmal im Monat.

- Ein 5-tägiger Cleanse immer dann, wenn Sie sich schwer oder schlapp fühlen und neue Kraft tanken müssen.

Wie fühlt man sich während eines Cleanses?

Detoxen (in unserem Fall: *Clean Eating*) ist nicht immer einfach. Es bedeutet Veränderung. Für die einen läuft es leicht und reibungslos, bei anderen kann es zu Entzugserscheinungen kommen, wenn sie auf Zucker, Alkohol und Koffein verzichten müssen. Sollten Sie sich sowieso bereits an die Grundsätze des Clean Eating halten, dann wird Ihnen der Übergang zu unseren Cleanses sehr leicht fallen. Wir haben die Erfahrung gemacht, dass die meisten Leute eine Art körperliche Leichtigkeit verspüren und sich energiegeladener fühlen, besonders weil sie nicht hungern müssen.

Falls Sie zu denen gehören, die viel rotes Fleisch, Fertiggerichte, Zucker, Koffein und Alkohol zu sich nehmen, wäre es ratsam, all das bereits einige Tage vor dem Cleanse nach und nach auszuschleichen. So können Sie starken Entgiftungsreaktionen wie Kopfschmerzen oder Abgeschlagenheit vorbeugen.

Bei jedem Cleanse befreit der Körper sich von allem, was ungut ist. Einige bemerken das an leichten Kopfschmerzen, vorübergehendem Energieverlust und erhöhter Gereiztheit.

Manche Menschen denken, das läge am Cleanse selbst. Tatsächlich liegt es an den Lebensmitteln, auf die Sie dabei verzichten. Ihr Körper hat sich an die von Zucker, Koffein und verarbeiteten Lebensmitteln ausgelösten Highs gewöhnt. Aber noch einmal: Weil unsere Suppen ein viel sanfteres Cleansing ermöglichen, erwarten wir nicht, dass viele von Ihnen diese Beschwerden haben werden. Wenn Sie allerdings diese Symptome an sich feststellen, sollten Sie wissen, dass sie vorübergehen. Es handelt sich um eine Reaktion Ihres Körpers, der mit Toxinen überschwemmt wird, die aus Ihren Zellen stammen, und nicht mehr die gewohnten Lebensmittel bekommt (z. B. raffinierten Zucker – danach kann es den Körper genauso gelüsten wie nach einer Droge). Trinken Sie etwas grünen Tee oder etwa 100 Milliliter Kaffee, schwarz oder mit Mandelmilch (Seite 168), um dem Körper den Entzug zu erleichtern, und meiden Sie sehr salzige und sehr süße Lebensmittel, bis Sie wieder im Gleichgewicht sind.

Schon bald werden Sie einen Energieschub verspüren, weil Ihre Zellen besser arbeiten – und diesmal ist es echte, reine Energie.

Einige Leute fühlen sich nach dem ersten Tag eines Cleanses etwas aufgebläht. Das liegt meist daran, dass sie es nicht gewöhnt sind, so viele Ballaststoffe zu sich zu nehmen; oder ihr Körper verstoffwechselt die Nahrung nicht ordnungsgemäß und braucht einen Neustart. Sollte es Ihnen so gehen, wird Ihr Körper mit der Zeit herausfinden, was er mit all den wertvollen Ballaststoffen anfangen kann, und wird auch die Nahrung, die Sie ihm zuführen, ohne Probleme akzeptieren. Wer Fleisch und Fritten liebt, braucht vielleicht fünf Tage, bevor er sich richtig gut fühlt. Aber halten Sie durch; es geht vorbei! Und dann werden Sie sich unglaublich gut fühlen!

Im Großen und Ganzen finden die meisten unserer Kunden, dass unser einzigartiges Cleanse-Programm angenehm, nachvollziehbar und absolut zufriedenstellend ist. Das ausgewogene Nährstoffprofil der Suppen hilft,

Stoffwechsel und Blutzucker stabil zu halten. Das sollte auch dafür sorgen, dass sich die Nebenwirkungen eines Cleanses in Grenzen halten.

WANN SEHE ODER SPÜRE ICH RESULTATE?

Das ist natürlich von Mensch zu Mensch verschieden. Doch meist ist es bereits nach zwei Tagen der Fall. Da der Körper entgiftet und cleane Nahrung voller Antioxidanzien steckt und Phytonährstoffe erhält, kann die Umstellung ziemlich rasch geschehen.

Rüsten Sie sich für
Ihren Cleanse

Nachdem Sie viel über die fantastischen Effekte von Suppen und Cleanses gelesen haben, möchten Sie bestimmt gleich loslegen. Doch vorher gibt es noch ein paar Dinge zu tun, damit der Cleanse für Sie so positiv und wohltuend wie möglich abläuft. Wichtig ist, dass Sie Ihre Ernährung im Lauf mehrerer Tage umstellen, damit der Heilungsprozess im Körper schon beginnt, *bevor* der Cleanse startet. Das stellt sicher, dass Ihr Organismus all die Nährstoffe, die Sie ihm zuführen, aufnehmen kann und sorgt dafür, dass keine Beschwerden auftreten. Außerdem sollten Sie sich Speisepläne für den geplanten Cleanse überlegen und anfangen, den Kühlschrank mit den entsprechenden Suppen zu füllen.

DEN KÖRPER AUF DEN CLEANSE VORBEREITEN

Wir haben es bereits erwähnt: Wir raten Ihnen (und das sagt auch der gesunde Menschenverstand) Stoffe bzw. Zutaten, die dem Körper bekanntermaßen zu schaffen machen, zwei oder drei Tage vor dem Cleanse zu eliminieren. Dazu gehören Koffein, Alkohol, Milchprodukte, rotes Fleisch, raffinierter Zucker (also auch gesüßte Erfrischungsgetränke und Süßigkeiten), Fertiggerichte und sämtliche Produkte, die künstliche Zusatzstoffe enthalten. Damit Sie Ihren Körper nicht schocken, sollten Sie nicht alle Ihre schädlicheren Gewohnheiten auf einmal aufgeben. Verzichten Sie zunächst einfach auf die zweite Tasse Kaffee oder ein weiteres Glas Wein, und überlassen Sie die Currywurst jemand anderem. Es steht Ihnen frei, als unterstützende Maßnahme grünen Tee zu trinken, wenn Sie sich vom Kaffee entwöhnen.

Wir haben herausgefunden, dass es in der Übergangszeit vor unseren Cleanses am besten ist, einige Tage vor dem Cleanse bereits jeweils eine Mahlzeit durch eine unserer Suppen zu ersetzen. So wird der Körper mit den hochwertigen, gesundheitsfördernden Eigenschaften der Suppen vertraut, und Ihr Geist bringt beste Gesundheit mit einer höchst angenehmen, extrem positiven Erfahrung in Verbindung. Wir glauben, dass es einfach Ihre innere

Einstellung an die richtige Stelle rückt, und das ist eine Grundvoraussetzung für den Erfolg. Der Körper mag es, wenn der Geist auf seiner Linie ist.

Sie dürfen auch bei sportlichen Aktivitäten ein wenig zurückschalten – vielleicht verzichten Sie auf Spinning und probieren es stattdessen mit Yoga oder Pilates. Es ist zwar nicht zwingend erforderlich, sich während eines Soup-Cleanses beim Sport zurückzuhalten, doch es ist sehr wichtig, auf Ihren Körper zu hören – dem einen tut ein sanfterer Umgang gut, dem anderen geht es mit viel Sport prächtig. Über Cleansing und Sport sprechen wir ab Seite 100 ausführlicher.

DIE KÜCHE AUF DEN CLEANSE VORBEREITEN

Das Schöne an unserem Soup-Cleanse ist, dass Sie nicht viel mehr als frische Zutaten einzukaufen brauchen. Auf Seite 124 gehen wir näher darauf ein, wie Sie Gerichte im Voraus zubereiten können. Zunächst sollten Sie sich alle Geräte und nährstoffreichen Lebensmittel bereitstellen, die Sie für die Zubereitung Ihres Cleanses benötigen. Das brauchen Sie:

- *Mixer oder Küchenmaschine.* Angela liebt ihren Vitamix, während Vivienne auf ihren Hochgeschwindigkeitsmixer schwört. Wenn Sie kein Supergerät besitzen, macht das gar nichts – nehmen Sie das Gerät, das Sie haben.

- *Standard-Küchenausstattung.* Ein gutes Messer zum Zerkleinern von Obst und Gemüse, ein Schneidebrett, einige Schüsseln, ein oder zwei Backbleche, einen Stielkochtopf, und natürlich einen großen Suppentopf sollten Sie im Schrank haben.

- *Nussmilchbeutel.* Das einzige etwas ausgefallenere Utensil, das wir empfehlen, ist ein Nussmilchbeutel. Damit lässt sich nicht nur Nussmilch abseihen, er eignet sich auch zum Einweichen und Keimenlassen von Saaten, Nüssen und Hülsenfrüchten. Falls Sie im Haushaltswarengeschäft oder Drogeriemarkt nicht fündig werden, können Sie ihn online bestellen. Statt eines Nussmilchbeutels können Sie auch einen Passierbeutel oder ein Passiertuch nehmen.

- *Vorratsbehälter.* Sie werden beträchtliche Mengen an Suppe bzw. Brühe zubereiten und im Kühlschrank aufbewahren. Deshalb lohnt es sich, in hochwertige Vorratsbehälter zu investieren. Wir verwenden lieber Glas als Kunststoff. Ideal sind große Einmachgläser mit 2,5 Liter Inhalt (z. B. Weck-Tulpengläser), in die genau die nach einem Rezept zubereitete Suppenmenge passt. Wenn Sie die Suppen einfrieren möchten, füllen Sie diese in gefriergeeignete fest verschließbare Behälter.

- *Isolierkannen und Schraubdeckelgläser.* Wenn Sie die Suppen mit zur Arbeit nehmen möchten, füllen Sie sie am besten in Thermoskannen mit weiter Öffnung oder Schraubdeckelgläser. Verschließen Sie die Behälter fest, damit nichts ausläuft. Vor dem Verzehr müssen die Suppen gut geschüttelt werden.

- *Einkäufe.* Nachdem Sie sich Ihr Cleanse-Menü zusammengestellt haben, kaufen Sie sich die besten Zutaten, die Sie finden oder sich leisten können. Lassen Sie sich viel Zeit für die Zubereitung der Suppen, zumindest am Anfang. Bereiten Sie die Suppen aber nicht zu lange im Voraus zu, denn je länger sie im Kühlschrank stehen, desto mehr Nährstoffe gehen verloren. Sie können ja – wie wir – einen Tag in der Woche zum Kochtag erklären, um sich ganz auf die Zubereitung Ihrer Suppen zu konzentrieren. Vergessen Sie nicht, dass eine gute Hühnerbrühe mindestens drei Stunden und eine gute Gemüsebrühe etwa 75 Minuten braucht. Wir empfehlen, gleich große Mengen an Suppe zu kochen und diese im Kühlschrank und/oder Tiefkühler aufzubewahren, damit sie immer griffbereit sind.

AUF GEHT'S

Nun wissen Sie alles, was Sie für einen erfolgreichen Cleanse benötigen. Jetzt fehlt nur noch das Programm, das genau zu Ihnen passt. Auf den Seiten 90 bis 99 erfahren Sie, wie Sie den Cleanse finden, der auf Ihr Leben und Ihre Ansprüche zugeschnitten ist.

GLAS ODER KUNSTSTOFF?

Wir empfehlen zum Aufbewahren und Transportieren der Suppen Behälter aus Glas – und nicht aus Kunststoff. Der Grund: Etliche Kunststoffe enthalten Substanzen, die den Körper möglicherweise schädigen können. (Dazu gehört beispielsweise Bisphenol A, das über eine schwache östrogene Wirkung verfügt.) Studien haben außerdem gezeigt, dass jeder Kunststoff beim Erhitzen (oder beim Einfüllen heißer Flüssigkeiten) toxische Substanzen freisetzt. Also nehmen Sie möglichst immer Glasbehälter. Oder verzichten Sie zumindest darauf, Kunststoffbehälter in der Mikrowelle zu verwenden oder in der Geschirrspülmaschine zu reinigen.

siehe auch unter: *healthland.time.com/2011/03/08/study-even-bpa-free-plastics-leach-endocrine-disrupting-chemicals*

CLEANSE-MENÜS UND -ANLEITUNGEN

Als Vorbereitung auf den Cleanse ist es erforderlich, dass Sie sich zuerst ein Suppen-Menü aufbauen. Wir schlagen Ihnen hier vor, wie Sie Ihre Tage strukturieren sollten, damit Sie alles zum Wohle Ihres Körpers zu sich nehmen.

Den Cleanse aufbauen

Am besten ist es, alle paar Stunden eine Suppe zu genießen, und zwar in der empfohlenen Reihenfolge. Schlucken Sie die Suppen nicht einfach herunter, sondern kauen Sie sie langsam – Löffel für Löffel. Lassen Sie sich dabei die vielen gesunden, natürlichen Zutaten auf der Zunge zergehen. Was Sie noch beachten sollten:

- *Wer sehr hungrig ist,* kann noch eine Handvoll Mandelkerne, Selleriestangen oder Gurkenstifte hinzufügen oder einen Snack von unserer Liste auswählen (Seite 215 f.).

- *Sportlich aktive Cleanser* oder solche, die glauben, dass sie mehr Kalorien brauchen, können einen zusätzlichen »Superhero« (Seite 172), eine kalte oder heiße Suppe oder Snacks von der Liste hinzufügen.

- *Sorgen Sie für Abwechslung.* Das haben wir bei unseren Suppen-Menüs berücksichtigt, aber man kann es nicht oft genug sagen: Eine bunte Palette an Nährstoffen in Ihrem Essen ist das Beste, was Sie Ihrem Körper bieten können. Wenn Sie einen 3- oder 5-tägigen Cleanse durchführen, sollten Sie nicht jeden Tag die gleichen Suppen essen. Unser 3-tägiger Cleanse bietet so viel Abwechslung, dass Sie mehr als 100 Inhaltsstoffe zu sich nehmen! Wir empfehlen außerdem im Wechsel an einem Tag eine gekühlte Suppe auf Obstbasis und am anderen entweder Brühe oder eine kalte Suppe auf Gemüsebasis zu essen. Zu viel Zucker, selbst wenn er aus Früchten stammt, kann schlecht für Sie sein.

1-TÄGIGER CLEANSE

1 *Kühler Starter am Morgen (500 ml):*
Wählen Sie zwischen einem Glas Wasser mit Zitrone oder einem der aromatisierten basischen Wässer auf den Seiten 127–130.

2 *Warmer Morgentrunk (350 ml):*
Suchen Sie sich eine Brühe aus (Seite 158–162).

3 *Morgendlicher Nuss-Drink oder Smoothie (350 ml):*
Rezepte auf den Seiten 168–172.

4 *Warme Mittagssuppe (in den angegebenen Portionsgrößen):*
Wählen Sie eine der Cleanse-freundlichen heißen Suppen von den Seiten 136–154.

5 *Kalte Snack-Suppe für den Nachmittag (in den angegebenen Portionsgrößen):*
Gönnen Sie sich eine der kalten Suppen von den Seiten 131–135.

6 *Warme Abendsuppe (in den angegebenen Portionsgrößen):*
... und eine weitere heiße Suppe von den Seiten 136–154.

7 *Schlummertrunk (in den angegebenen Portionsgrößen):*
Nach Belieben gibt's jetzt noch einen Becher Brühe, einen angewärmten Nussdrink oder Latte (Seite 168–171) oder Zitrone-Ingwer-Tee (Seite 175).

Zwischendurch
- Für eine ausreichende Hydrierung sollten Sie den ganzen Tag über immer wieder aromatisiertes Wasser und Tee trinken.
- Versuchen Sie mit einem Snack am Tag auszukommen (Seite 215 f.).

3-TÄGIGER CLEANSE

Folgen Sie an drei aufeinanderfolgenden Tagen den Anweisungen für den 1-tägigen Cleanse. Versuchen Sie aber, mittags jeweils eine andere warme Suppe oder Klassische Gazpacho (Seite 134), nachmittags unterschiedliche kalte Snacks und an jedem Abend eine andere warme Suppe zu essen.

3-TÄGIGER MINI-CLEANSE

Halten Sie sich an drei aufeinanderfolgenden Tagen an diesen Plan. Wechseln Sie dabei jeden Tag die warme Mittagssuppe, die nachmittägliche kalte Suppe und die warme Abendsuppe.

1 *Kühler Starter am Morgen (500 ml):*
   Wählen Sie zwischen einem Glas Wasser mit Zitrone oder einem der aromatisierten basischen Wässer auf den Seiten 127–130.

2 *Warmer Morgentrunk (350 ml):*
   Suchen Sie sich eine Brühe aus (Seite 158–162).

3 *Morgendlicher Nuss-Drink oder Smoothie (350 ml):*
   Rezepte auf den Seiten 168–172.

4 *Warme Mittagssuppe (in den angegebenen Portionsgrößen) oder gesunde Ersatzmahlzeit:*
   Wählen Sie eine der heißen Suppen auf den Seiten 136–154 oder beachten Sie die Anmerkungen zu »Gesunde Ersatzmahlzeiten« auf der nächsten Seite.

5   *Kalte Snack-Suppe für den Nachmittag (in den angegebenen Portions-
    größen):* Wählen Sie eine kalte Suppe (Seite 131–135) oder eine Brühe
    (Seite 158–162).

6   *Warme Abendsuppe (in den angegebenen Portionsgrößen) oder gesun-
    de Ersatzmahlzeit:*
    Wenn es mittags eine Ersatzmahlzeit gab, wählen Sie jetzt eine zweite
    heiße Suppe (Seite 136–154). Ansonsten beachten Sie bitte die Anmer-
    kung zu »Gesunde Ersatzmahlzeiten« auf dieser Seite.

7   *Schlummertrunk (in den angegebenen Portionsgrößen):*
    Nach Belieben ein Becher Zitrone-Ingwer-Tee (Seite 175) oder ein ande-
    rer Kräutertee.

Zwischendurch
- Für eine ausreichende Hydrierung sollten Sie den ganzen Tag über im-
  mer wieder aromatisiertes Wasser und Tee trinken.
- Versuchen Sie mit einem Snack am Tag auszukommen (Seite 215 f.).

GESUNDE ERSATZMAHLZEITEN

Für die eine Mahlzeit am Tag, bei der es sich nicht um Suppe handelt, sollten
Sie ein ausgewogenes Gericht wählen, das überwiegend aus Gemüse mit
Proteinen (tierisch oder pflanzlich) und Stärkehaltigem oder Vollkorn besteht.
Wir ermuntern zwar niemanden, während eines Soup-Cleanses tierisches
Eiweiß zu verzehren, aber es geht uns ja vor allem um Balance. Wenn Sie
also einen ersten Versuch mit einem Mini-Cleanse starten und nicht
auf einmal auf tierische Proteine verzichten wollen, dann
können Sie sie in Ihrem Speiseplan belassen. Ab Seite
206 finden Sie als Anregungen einige Rezepte,
z. B. für Stir-Fry mit Hähnchen, Brokkoli, Sesam &
Knoblauch oder Blattsalate mit zitruswürziger
Hähnchenbrust. Sie können natürlich auch
eigene Rezepte verwenden.

5-TÄGIGER CLEANSE

Folgen Sie an fünf aufeinanderfolgenden Tagen den Anweisungen für den 1-tägigen Cleanse. Versuchen Sie aber, mittags immer eine andere warme Suppe oder eine Klassische Gazpacho (Seite 134), nachmittags verschiedene kalte Snacks und jeden Abend eine andere warme Suppe zu essen.

EXTRA PLUS

Unser Ernährungsexperte Kelsey De Gracia, ein Autodidakt, reichert seinen Morgen-Starter (basisches Mineralwasser) mit zwei Superzutaten an: einem Esslöffel Apfelessig und einem Esslöffel Aloe Vera. *Apfelessig* wirkt antibakteriell und entzündungshemmend; er fördert die Verdauung, verbessert den Sauerstofftransport im Blut, sorgt für gesundes Haar, normalisiert den Blutzuckerspiegel, hält den Hormonhaushalt im Gleichgewicht, zügelt Heißhunger und Appetit, senkt den Cholesterinspiegel und regt den Kreislauf an. *Aloe Vera* putzt den Darm durch, kann beim Abnehmen helfen und kräftigt Zähne und Zahnfleisch. Als morgendliches Elixier helfen beide Zutaten, den Organismus zu entsäuern und den Verdauungstrakt zu beruhigen.

WIE VIELE KALORIEN NEHME ICH TÄGLICH ZU MIR?

Mediziner empfehlen, dass man täglich mindestens 1200 Kalorien zu sich nehmen sollte, auch bei einer strengen Diät. Unsere regulären Cleanses liefern etwa 1200–1400 Kalorien, je nachdem, welche Suppen Sie wählen oder welche Mahlzeiten Sie (beim Mini-Cleanse) ersetzen. Wir halten uns an diesen Richtwert, damit Sie alle Nährstoffe bekommen, die Sie benötigen und nicht Ihre Kräfte verlieren oder Ihren Stoffwechsel durcheinanderbringen. Wir haben das Kalorienzählen für Sie erledigt (deswegen gibt es in den Rezepten Angaben zur Portionsgröße). Unsere Rezepte kommen ohne leere Kalorien oder irgendwelche Ernährungstricks aus, und deshalb kann Ihr Organismus alles verwerten, was die Suppen bieten.

Wie viel Energie Sie dem Körper zuführen müssen, hängt von Ihrem Gewicht und Ihrer körperlichen Aktivität ab und davon, was Sie von Ihrem Cleanse erwarten. Falls Sie das Gefühl haben, mehr Energie zu benötigen, oder wenn Sie daran gewöhnt sind, täglich sehr viel mehr Kalorien aufzunehmen, und sich langsam an weniger herantasten möchten, könnten Sie Suppen oder Snacks hinzufügen. Vergessen Sie nicht: Es geht um Balance und darum, was gut für Sie ist. Sie können also aufstocken, vorausgesetzt, Sie treffen eine gesunde Wahl. Mehr dazu unten.

DARF ICH DAS MENÜ MEINEN PERSÖNLICHEN VORLIEBEN ANPASSEN?

Selbstverständlich. Beim ersten Mal sollten Sie sich jedoch an unsere Anweisungen halten, damit Sie mit den Grundlagen vertraut werden. Wie auch immer, Sie können das Programm Ihren individuellen Wünschen und Bedürfnissen anpassen. Ihr Körper wird immer von den Suppen profitieren, egal in welcher Reihenfolge Sie diese zu sich nehmen. Wenn Sie an einem Tag eine Suppe weglassen, müssen Sie sicherstellen, dass Sie das kompensieren. Gönnen Sie sich eine Handvoll Mandelkerne oder etwas Trockenobst anstelle einer Snack-Suppe, oder essen Sie einen kleinen Salat als Ersatz für eine der Mittags- oder Abendsuppen. Achten Sie beim Salat darauf, dass das Dressing keinen Zucker enthält.

WAS IST, WENN ICH LEBENSMITTEL NICHT VERTRAGE ODER EINE SPEZIELLE ERNÄHRUNGSFORM BEVORZUGE?

Inhaltsstoffe, die häufig unverträglich sind oder Allergien auslösen wie Laktose, Gluten oder Soja (bis auf Miso in einigen Brühen) kommen in den Suppen bewusst nicht vor. Allerdings enthalten einige der Suppen Nüsse, die man aber leicht durch nussfreien Hanf- oder Haferdrink ersetzen kann. Hier sind unsere Empfehlungen für spezielle Ernährungsformen:

- *Vegan oder vegetarisch.* Wenn Sie keine tierischen Produkte essen, ersetzen Sie einfach die Knochenbrühe durch unsere Brühe aus geröstetem Gemüse. All unsere anderen Suppen sind vegan; in bestimmten Fällen werden sie vegan, indem man Honig durch ein veganes Süßungsmittel wie Kokosblüten- oder Agavensirup ersetzt.

- *Paleo.* Das Paleo-Prinzip besagt, dass man nur das essen darf, was unseren steinzeitlichen Vorfahren zur Verfügung stand. Dazu gehören mageres Fleisch, Nüsse und Beeren. Getreide, Hülsenfrüchte, Milch- und Fertigprodukte sind tabu. Natürlich enthalten unsere Suppen keine hochverarbeiteten Lebensmittel und sie sind laktosefrei. Manche Suppen enthalten Getreide oder Hülsenfrüchte, die kann man einfach weglassen und zu unseren Gemüsesuppen greifen. Im Rezeptteil haben wir markiert, welche Suppen paleo sind.

- *Raw Food.* Wie bereits erwähnt, glauben wir, dass einige Lebensmittel erst im gegarten Zustand ihren gesundheitlichen Nutzen entfalten. In diesem Buch finden Sie einige Suppen, für die Zutaten nur minimal erhitzt werden (nicht wärmer als 46 °C) und daher als raw gelten. Diese Suppen sind im Rezeptteil ebenfalls entsprechend gekennzeichnet.

MUSS ICH JEDEN TAG ALLE SUPPEN UND WÄSSER ZU MIR NEHMEN?

Nein, aber wir haben diese Cleanses zusammen mit unseren Ernährungsexperten sorgfältig so konzipiert, dass Sie Ihnen genug Energie und Nährstoffe für den Tag liefern. Wenn Sie nicht alle Suppen essen oder nicht genug Wasser trinken, bekommen Sie möglicherweise nicht all die Nährstoffe und die Flüssigkeit, die Sie benötigen, um gesund zu bleiben. Symptome wie Kopfschmerzen, Schwindel, Schwäche oder Unwohlsein könnten Anzeichen einer Unterversorgung sein. Wenn Sie also eins unserer Wässer oder eine unserer Suppen weglassen, sollten Sie sie unbedingt durch etwas ebenso Hydrierendes oder Nährstoffreiches ersetzen.

Wir sind davon überzeugt, dass es Teil eines gesunden Lifestyles ist, auf die Signale des Körpers und der Seele zu achten. Dazu gehört auch zu wissen, wann man hungrig oder durstig und wann man gut gesättigt ist. Außerdem ist jeder Mensch an jedem Tag anders. Wir haben 3-tägige Cleanses gemacht, bei denen wir an einem Tag am frühen Nachmittag ausgehungert waren und am nächsten kaum alle Suppen aufessen konnten. Das kann an der Ernährung der Vorwoche liegen, daran, wie viel Sie schlafen, ob Sie Sport treiben usw. Hören Sie auf Ihren Körper, und setzen Sie den gesunden Menschenverstand ein. Wenn Sie den Nachmittagssnack oder die letzte Suppe des Tages nicht hinunterbekommen, weil sie sich voll fühlen, dann zwingen Sie sich nicht zum Essen oder Trinken. Bewahren Sie den Rest auf und nehmen Sie ihn später am Tag zu sich, wenn Sie Hunger haben; oder Sie essen ihn an einem anderen Tag, wenn Sie hungriger sind. Wenn Ihr Magen knurrt oder Sie müde und schlapp sind und mehr möchten, ist es völlig in Ordnung, einen unserer gesunden Snacks oder einen Salat oder ein Stück Fisch hinzuzufügen. Es geht um Balance. Hören Sie auf Ihren Körper. Und wenn es Ihnen so richtig gutgeht und Sie aus einem 1-tägigen einen 3-tägigen Cleanse machen wollen – auch das ist okay!

SNACKS UND ZUSÄTZLICHE SUPPEN HINZUFÜGEN

Wie wir bereits sagten, sind wir der Meinung, dass man für die Gesundheit nicht leiden sollte. Wenn Ihr Körper Ihnen mitteilt, dass Sie etwas mehr essen müssen, damit Sie sich gut genährt fühlen, dann ignorieren Sie das nicht! Wenn uns das passiert, entscheiden wir uns meist für eine schnelle und einfache Lösung wie rohes Gemüse, wie etwa Staudensellerie, Gurken oder Paprikaschoten, oder vielleicht eine Handvoll rohe oder geröstete (ungesalzene, ungezuckerte) Nüsse oder Mandelkerne. Auf Seite 215 f. finden Sie eine Liste der Snacks, die wir für die Zeit eines Cleanses und danach empfehlen. Wenn Sie während des Cleanses körperlich sehr aktiv sind, könnten Sie einen zusätzlichen Superhero-Smoothie einfügen (Seite 172), der Ihnen einen Energieschub verschafft, Sie stärkt und mit seinen Ballast- und Nährstoffen Ihrem Körper hilft, schneller wieder zu Kräften zu kommen.

WAS SIE WÄHREND DES CLEANSES MEIDEN SOLLTEN

Wenn Sie sich schon die Mühe machen, Ihr System gründlich zu reinigen, dann wollen Sie gewiss nicht alles vermasseln, indem Sie Fertigprodukte, raffinierten Zucker, zu viel tierisches Fett, rotes Fleisch, Alkohol oder Koffein konsumieren. Damit Ihr Cleanse erfreulich verläuft, raten wir dringend auch auf Kaugummi, süße Getränke (z. B. Limonaden, auch Säfte!), Koffein, Zigaretten, Aufputschmittel und alkoholische Getränke zu verzichten.

Allerdings sollte man radikale Umstellungen nur sehr vorsichtig angehen. Wenn Sie sich den Tag über krank oder extrem angespannt fühlen, versuchen Sie einfach, die schlechten Angewohnheiten auf vernünftige Weise zu reduzieren. Sie könnten beispielsweise nur eine halbe Tasse Kaffee anstelle der ganzen trinken oder auf grünen Tee ausweichen. Gut ist, wenn Sie sich Ihren Fortschritt und dessen körperliche Anzeichen immer wieder bewusst machen.

WAS IST, WENN ICH WÄHREND DES CLEANSES HEISSHUNGER BEKOMME?

Beachten Sie während Ihres Cleanses und im ganz normalen Alltag, dass Essgelüste Ihnen Informationen darüber liefern, was Ihrem Körper fehlt. Spüren Sie ihnen nach, und hören Sie darauf. Ein Verlangen nach Schokolade könnte ein Schrei nach Magnesium sein (reiner Kakao ist voll davon). Lust auf Erdbeeren könnte bedeuten, dass Sie mehr Vitamin C brauchen. Wenn Sie immer wieder gierig auf Zucker sind: Ist Ihr Blutzuckerspiegel durcheinander? Bekommen Ihre Zellen nicht, was sie brauchen, und suchen deshalb nach einer neuen Glukosequelle? Ignorieren Sie vielleicht bestimmte Emotionen oder Gefühle, die sich aufdrängen, und unterdrücken sie, indem Sie Zucker essen? Der Körper ist ziemlich clever; wir haben nur verlernt, auf ihn zu hören! Mit der Zeit werden Sie aber merken, dass eine Ernährung aus vollwertigen, reinen Lebensmitteln die meisten, wenn nicht alle Gelüste zum Erliegen bringt.

DIE SUPPEN AUFWÄRMEN: BEMERKUNGEN ZUR MIKROWELLE

Wir beide kennen Mikrowellengeräte seit unserer Kindheit und wissen, wie ungeheuer praktisch so ein Teil ist (besonders weil wir Frauen mit anstrengenden Berufen und je drei Kindern sind). Aber inzwischen versuchen wir, die Mikrowelle nicht als erste Wahl anzusehen, wenn es um das Aufwärmen unserer Suppen geht. Studien haben gezeigt, dass das Erhitzen mit Mikrowellen die chemische Struktur eines Lebensmittels verändern und unseren ursprünglich so hochwertigen Suppen wer weiß was antun kann. Im Notfall eine Suppe ein oder zwei Minuten im Mikrowellengerät aufzuwärmen, richtet sicher keinen ungeheuren Schaden an. Aber wir raten davon ab, die Suppen überwiegend im Mikrowellengerät zu erhitzen. Und wenn Sie das Gerät benutzen, dann verwenden Sie bitte niemals Behälter aus Kunststoff (Seite 89).

BEVOR SIE BEGINNEN: WAS IST IHR »WARUM«?

Wieder Kontrolle über die eigene Gesundheit zu erlangen beginnt mit der Frage: »Warum?« Warum wollen Sie einen Cleanse durchführen? Warum möchten Sie sich besser fühlen? Vielleicht steht ein Klassentreffen an oder der Abschlussball Ihres Sohnes – aber was ist mit dem großen Ganzen? Möchten Sie erleben, wie Ihre Kinder heiraten? Wollen Sie in der Lage sein, mit Ihren Enkelkindern auf dem Fußboden zu rollen oder im Park mit ihnen Fangen zu spielen? Vielleicht haben Sie auch vor, ein erfolgreiches Unternehmen zu gründen oder Dinge auf der Liste Ihres Lebens abzuhaken? Oder gelassen zu sein, und nicht launisch und unausgeglichen? Manche Menschen haben schwerwiegende Gründe: Sie wollen schwere Krankheiten überwinden, schmerzfrei werden, leben. Doch besser ist es, vorausschauend zu handeln und positive Veränderungen vorzunehmen, bevor es so weit kommt. Sie haben die Chance, jetzt etwas zu verändern.

Veränderung kann überwältigend sein, selbst für jene von uns, die schon viel Lebenserfahrung haben. Aber um die Gesundheit aufzubauen, geht man einen Schritt nach dem anderen. Sie können mit Trippelschritten beginnen, einem nach dem anderen. Allmählich wird aus diesen Schritten eine Reise. Herauszufinden was Ihr »Warum« ist, und sich darauf einzulassen, ist der erste Schritt in Richtung auf ein schöneres Morgen und eine eindrückliche Erinnerung daran, wie alles begann.

CLEANSE–SUPPORT: BEWEGUNG, ATMUNG, SCHLAF

Auch wenn die Ernährung im Mittelpunkt unseres Cleanses steht, braucht der Körper zudem Nahrung, die man nicht essen kann. Es geht um Bewegung, Atmung und Schlaf. Sport ist für Entgiftung und optimale Gesundheit unerlässlich – er bewegt das Blut, lässt die Lymphe zirkulieren und hellt die Stimmung auf. Atmung ist eine direkte Verbindung zu den Körperfunktionen, die uns ausgeglichen, froh und ruhig sein lassen. Und Schlaf – *guter* Schlaf – ist der Unterschied zwischen dem Gefühl, ausgebrannt und leer zu sein, und dem, energiegeladen und lebendig zu sein. Diese drei Dinge arbeiten zusammen, damit Ihre Systeme so stark wie möglich bleiben, indem sie unserem Parasympathikus ermöglichen, sich einzuschalten.

Unser vegetatives Nervensystem besteht aus zwei Hauptakteuren: dem Sympathikus und dem Parasympathikus. Der Sympathikus ist Ihnen möglicherweise vertrauter, denn er ist es, der den Adrenalinspiegel ansteigen lässt, wenn wir uns bedroht fühlen. Der Parasympathikus kommt ins Spiel, wenn die Wogen sich glätten, er lässt den Körper zur Ruhe kommen und führt ihn in einen friedlicheren, entspannten Zustand zurück (etwas, was auch nachts geschieht, aber nur wenn Sie wirklich gut schlafen – mehr dazu gleich). Doch die meisten von uns sind in einem äußerst gestressten Zustand unterwegs; das heißt, der Sympathikus ist *immer* in Bereitschaft. Wenn das geschieht, steigt der Blutdruck, die Energiereserven werden verbraucht und die Verdauung wird träge. Die Natur hat nicht vorgesehen, dass wir so herumlaufen, und das ist der Grund dafür, dass so viele von uns ausgelaugt und ausgebrannt sind und von den wertvollen Stoffen aus unserer Nahrung nicht profitieren können.

Um unsere Körper von diesem Stress zu befreien, müssen wir den Parasympathikus aktivieren. Wenn wir das tun, kann der Blutdruck sinken, der Pulsschlag sich verlangsamen, die Verdauung sich intensivieren, der Stoffwechsel wieder normal arbeiten und, was am wichtigsten ist, der Körper heilen.

Menschen setzen unsere Cleanses für die unterschiedlichsten Zwecke ein: um ein gesünderes Leben zu beginnen, den Darm zu sanieren, die Knochen zu stärken, Verletzungen vorzubeugen oder abzunehmen und vieles mehr. Doch eine Motivation haben alle, und das ist die Grundlage eines Cleanses: Sie wollen neue Vorsätze fassen. Das beginnt möglicherweise mit der Ernährung, weil man dem, was man seinem Körper zuführt, mehr Achtsamkeit entgegenbringt. Oder es ist die seelische Verfassung, der Wunsch, geistige Klarheit und mehr Raum für die Selbstwahrnehmung zu erlangen. Das soll nicht heißen, dass Sie während Ihres Cleanses auf totalen Buddha-Modus schalten sollen. Sicherlich kann es jedoch hilfreich sein, in dieser Zeit etwas zur Ruhe zu kommen und Ruhe zu finden – Sie werden merken, dass Sie das Ihr ganzes restliches Leben lang schaffen können.

Bewegung

Unser Körper ist für Bewegung gemacht! Bewegung ist Teil der Gesundheit.

Warum? Weil Bewegung den Insulinspiegel ausgleicht, indem sie dafür sorgt, dass Glukose in die Zellen und wieder hinaus gelangt. Sie macht die Telomere (das sind die Teile der Chromosomen, die bestimmen, wie man altert) beständiger. Und sie bringt vieles in Schwung: das Blut, die Sauerstoffversorgung, den Verdauungstrakt. Bewegung ist auch fast die einzige Möglichkeit, das lymphatische System anzuregen, was für den Entgiftungsprozess unerlässlich ist. Sie können sich das so vorstellen: Ihr Herz ist eine Pumpe. Es lässt Blut im Körper zirkulieren, und wenn Blut in Bewegung ist, befreit es den Körper von Schadstoffen, transportiert Sauerstoff überallhin und unterstützt im Grunde genommen das gesamte Ökosystem des Körpers. Doch das lymphatische System, das für das Filtern und das Entsorgen von Zellabfällen zuständig ist, hat keine Pumpe. Also haben Sie mehr Lymphe als Blut im Körper. Wenn Sie sich also nicht bewegen, stagniert der Lymphfluss und damit der Abtransport der Abfälle. Stellen Sie sich einen tosenden Wasserfall aus klarem blauen Wasser vor; und dann einen Tümpel, der stehend und schaumig in der Sommerhitze liegt. Woraus würden Sie lieber trinken?

Wissenschaftler gehen davon aus, dass Bewegung eine der wirkungsvollsten Maßnahmen zur Krebsvorbeugung ist. Andere positive Effekte von mehr Bewegung können ein niedrigerer Blutdruck und eine positivere Grundeinstellung sein. Zudem kann Fettleibigkeit das Entstehen vieler Krebsarten, darunter Speiseröhren-, Bauchspeicheldrüsen-, Darm-, Nieren-, Schilddrüsen- und Gallenblasenkrebs begünstigen. Bewegung sorgt dafür, dass die Lymphflüssigkeit im Körper in Bewegung ist und beugt auf diese Weise Krankheiten vor und reichert gleichzeitig das Blut mit Sauerstoff an. Wenn Sie schwitzen, entgiften Sie.

Wie? Wenn Sie fit und gesund sind, sollten Sie sich Sportarten aussuchen, die Ihnen gefallen. Wechseln Sie möglichst zwischen Spinning, Joggen, Walken, Krafttraining, Yoga, Pilates. Wir haben herausgefunden, dass drei- bis viermal in der Woche eine Stunde Kardio zusätzlich zu Muskeltraining und Stretching am ausgewogensten ist. Während eines Cleanses – je nachdem, wie wir uns fühlen – behalten wir unser gewohntes Bewegungs-Programm bei oder schalten etwas zurück. Vielleicht bringen wir im Cardio-Barre-Kurs 80 oder sogar nur 50 Prozent statt der üblichen 100. Denken Sie immer daran: Was Sie auch tun, es ist okay! Hören Sie einfach auf Ihren Körper. Wichtig ist, dass Sie vernünftig sind und es während eines Cleanses und auch sonst nicht übertreiben. Sonst entsteht im Körper ein saures Milieu, und das führt zu entzündlichen Prozessen. Außerdem steigt der Kortisolspiegel, was die Fettverbrennung hemmt und guter Gesundheit im Weg steht. Bewegung soll aufbauen, nicht auslaugen.

Wenn Sie bisher keinen Sport getrieben haben, sollten Sie keine Scheu davor haben, klein anzufangen. An drei Tagen in der Woche je zehn Minuten Warmups oder fünf Minuten Walking ist ein guter Start. Wir sind ziemlich sicher, dass aus den fünf Minuten bald dreißig werden, wenn Sie erst einmal begonnen haben, rauszugehen und sich zu bewegen. Es braucht seine Zeit, bis eine Gewohnheit etabliert ist, und da kommt es auf jeden noch so kleinen Schritt an. Vergessen Sie nicht: Es geht nicht um alles oder nichts, und Balance ist der Schlüssel zu nachhaltiger, langfristiger Gesundheit. Und Sie sollten auch nicht vergessen, dass Gesundheit und Gewichtsabnahme fast zur Gänze dem geschuldet sind, was Sie Ihrem Körper zuführen. Zwar ist regelmäßige Bewegung unabdingbar, doch wenn Sie sich nicht auch gut ernähren, haben Sie nicht ganz so viel davon.

SUPPE BRINGT'S

Traditionelle Cleanses bieten dem Körper im Allgemeinen nicht die große Menge an Protein und Kohlenhydraten, die er braucht, um nach dem Sport das Gewebe zu regenerieren. Doch was wir anbieten, ist kein typischer Cleanse. Wir hören von vielen unserer Klienten, dass die einzigartige Nährstoffzusammensetzung (darunter essenzielle Eiweiße und Kohlenhydrate) unserer Suppen ihnen hilft, ihren aktiven Lifestyle während eines Cleanses beizubehalten.

Atmung

Wir wissen, was Sie jetzt denken: Atmen wir nicht alle? Und immer? Natürlich tun wir das, aber hier geht es um die positive Wirkung von regelmäßig ausgeführten Atemübungen.

Warum? Weil die Vorteile des Atmens denen der Bewegung ähneln. Der Kreislauf wird angeregt, die Sauerstoffversorgung verbessert, der Körper entgiftet und der Parasympathikus eingeschaltet – ohne dass im Körper ein saures Milieu entsteht. Wenn all das geschieht, fahren Sie Ihre Systeme runter, ihr Körper vergeudet weniger Energie und Sie gelangen in einen Zustand andauernder Ruhe und Heilung. Atmen scheint etwas sehr Einfaches zu sein – schließlich tun wir es alle ganz automatisch –, aber die meisten von uns nehmen nicht die tiefen, entspannenden und reinigenden Atemzüge, die der Organismus benötigt, um diese Funktionen anzukurbeln. Betrachten Sie ein Kleinkind: Es atmet tief aus dem Bauch heraus. Mit der Zeit haben wir vergessen, wie man so atmet. Mit der Folge, dass wir die Verbindung zu unserem Körper und zu unserer Atmung verlieren und in unseren Köpfen stecken bleiben.

Wie? Atemübungen zu machen bedeutet nicht, eine Stunde im Lotussitz zu verbringen. Es kann etwas so Simples sein wie tief durch die Nase zu atmen. Ich empfehle, dass Sie die Übungen mit Dingen verbinden, die Sie täglich machen – duschen oder ins Auto einsteigen, ja, sogar zur Toilette zu gehen. Nehmen Sie diesen Auslöser zum Anlass, fünf tiefe Atemzüge zu nehmen. Unangestrengt und ohne die Luft anzuhalten, lassen Sie den Atem aus Ihrer Mitte fließen. Eine andere Möglichkeit ist, morgens und/oder abends fünf Minuten dafür zu reservieren, nichts anderes zu tun als still zu sitzen oder zu liegen und zu atmen. Keine To-do-Listen, kein mentales Umdekorieren des Wohnzimmers; seien Sie einfach präsent und ruhig.

Wenn Sie Atemübungen zur Gewohnheit machen, werden Sie Ihrer Atmung generell mehr Achtsamkeit entgegenbringen – ob Sie die Luft anhalten oder dabei den Bauch anspannen (was dies System zum Stillstand bringen kann). Ein einfacher Trick für Momente, in denen Sie gestresst oder angespannt sind: Gähnen oder seufzen Sie. Damit entstressen Sie den Körper und lassen ihn wieder in den Zustand der Homöostase kommen. Neurowissenschaftler haben bewiesen, dass sogar Hunde gähnen, wenn Sie angespannt sind, und dass Fische gähnen, bevor sie eine Entscheidung treffen. Unglaublich, oder?

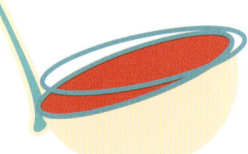

VON KELSEY DE GRACIA, UNSEREM HEILER UND GESUNDHEITSGURU

An das Thema Gesundheit herangeführt wurde ich (unbewusst) durch meine japanische Großmutter. Sie vermittelte mir die grundlegenden Typen japanischer Lebensmittel, denen eine symbiotische Beziehung zum Körper zugeschrieben wird. Als sie 93 war, beschloss ich diese Heilmittel bei ihr anzuwenden. Ich wollte mit einer Kombination der traditionellen japanischen Ernährung und westlichen Aufbaudiäten, das Heilen auf zellulärer Ebene und die Stimulation von Zellen und Organen erzielen, um den Körper meiner Großmutter zu regenerieren. So begann ich, mich mit Ernährungsmedizin und traditionellen Ess- und Heilpraktiken auseinanderzusetzen. Dass ich auf dem richtigen Weg war, merkte ich, als ich in Frankreich ein Buch aus dem mittelalterlichen Europa fand, das große Ähnlichkeit mit Büchern aus der traditionellen chinesischen Heilkunde aufwies.

Für meine Großmutter kombinierte ich Ernährung, Bewegung und Atemübungen mit intuitiver Bewegungstherapie wie Qi Gong. Ich war überzeugt, dass ich ihren Organismus auf einer viel tieferen Ebene stimulieren konnte als irgendjemand anders. Mit der Zeit konnte ich ihrem rechten Arm zu voller Beweglichkeit zurückverhelfen, schaffte es, dass sie wieder gut laufen konnte, und brachte sie schließlich zurück auf den Golfplatz und in den Garten, wo sie ihre Zeit verbrachte, bis sie im Alter von 97 Jahren starb. Zu sehen, was alles möglich war, wurde für mich zum Schlüsselerlebnis. Die gleichen Methoden wendete ich an, als ich selbst gesundheitliche Probleme hatte, und noch einmal, als bei meiner Hündin Hautkrebs festgestellt wurde und man ihr noch ein Jahr zu leben gab (heute, acht Jahre später, lebt sie immer noch). Ich glaube von ganzem Herzen daran, dass es gute Ernährung, sanfte Bewegungsübungen und Atemtechniken waren, die meiner Familie Gesundheit, Liebe und Freude geschenkt haben.

Schlaf

Um gut versorgt zu sein, braucht der Körper auch ausreichend Ruhe. Sie spielt eine entscheidende Rolle für das Wohlbefinden, denn der Körper kann nur in Ruhe regenerieren.

Warum? Weil guter Schlaf ermöglicht, dass der Parasympathikus eingeschaltet wird und die körpereigenen Systeme heruntergefahren und alle notwendigen Instandhaltungsaufgaben durchgeführt werden können. Gut schlafen heißt, etwa sieben bis acht Stunden ungestört und lange zu schlafen.

Wie? Indem Sie den Tag-Nacht-Rhythmus berücksichtigen, den die Natur vorgibt, schlafen Sie am besten und am tiefsten. Gehen Sie möglichst gegen 22 Uhr ins Bett und wachen Sie sieben bis acht Stunden später auf. Stellen Sie sicher, dass es im Schlafzimmer dunkel ist. Kommt Licht hinein, könnte der Körper es mit Tageslicht verwechseln und dann nicht genug Melatonin (ein Hormon, dass an der Regulierung des Schlaf-Wach-Rhythmus beteiligt ist) ausschütten. Und entfernen Sie unbedingt alle Stressauslöser aus dem Raum, beispielsweise Ihren Computer.

Wenn Sie am Ende des Tages eine Entspannungshilfe brauchen, können ätherische Öle wie Lavendelöl hilfreich sein. Und manchmal kann auch Nahrung einen guten Schlaf fördern, weil sie am Abend den Blutzuckerspiegel ausgleicht. Etwas warme Nussmilch (Seite 168–171) oder ein Löffel Mandelbutter sind leicht verdaulich. Auch Sport unterstützt einen gesunden Schlaf, genauso wie ausreichende Flüssigkeitszufuhr. Sie können auch versuchen, sich vor dem Schlafengehen aller Gedanken zu entledigen, indem Sie sie aufschreiben. Denken Sie vor allem immer daran, dass Gesundes die Gesundheit fördert. Wenn Sie also jeden Tag gesund essen, sich bewegen und alle Anforderungen eines stressigen Alltags gut bewältigen, wird Ihr Schlaf besser werden. Um gut versorgt zu sein, braucht der Körper auch ausreichend Ruhe. Sie spielt eine entscheidende Rolle für das Wohlbefinden, denn der Körper kann nur in Ruhe regenerieren.

FÜHREN SIE EIN DETOX-TAGEBUCH

Das ist eine gute Möglichkeit, herunterzufahren und sich bewusster zu machen, wie Ihr Körper auf den Cleanse reagiert. Notieren Sie, wie Sie sich körperlich fühlen. Damit können Sie die Ernährung noch feiner auf Ihre Bedürfnisse einstellen. Wenn Sie bemerken, dass Sie sich bis etwa 15 oder 16 Uhr prima fühlen und dann auf einmal völlig erschöpft sind, dann brauchen Sie in der Zeit etwas mehr Unterstützung. Vielleicht ist das grüner Tee für einen kleinen (!) Koffein-Kick oder ein paar Nüsse, die gesunde Proteine liefern.

Tagebuch zu schreiben ist auch ein wunderbares Ventil für Emotionen. Sind seit dem Beginn des Cleanses bestimmte Gefühle hochgekommen? Glauben Sie, dass Ihre früheren Essgewohnheiten damit zu tun hatten, dass Sie gewisse Dinge in Ihrem Leben ausgeblendet haben?

Sich einfach ein paar Minuten mit einer leeren Seite und einem Stift hinzusetzen, kann eine weitere Gelegenheit sein, mit Ihren Absichten und Zielen für Ihr neues, besseres Selbst in Verbindung zu treten.

DETOX-ARBEITSBLATT

Wir haben dieses Arbeitsblatt entwickelt, damit Sie die Veränderungen, die Sie während des Cleanses bemerken werden, notieren können. Vor dem Cleanse-Start kreuzen Sie auf der »Vorher«-Liste alles an, was Ihren derzeitigen Gesundheitszustand beschreibt. Während des Cleanses fangen Sie an, auf der »Nachher«-Liste anzukreuzen, was nun auf Sie zutrifft, und streichen das, was nicht mehr stimmt.

Vorher

- ○ Abgeschlagenheit
- ○ Kopfschmerzen
- ○ Ausschlag
- ○ Allergien
- ○ Kraftlosigkeit
- ○ Schlafprobleme
- ○ Verdauungsprobleme
- ○ Angstzustände
- ○ Depression
- ○ Gewichtsprobleme
- ○ Ekzeme
- ○ Akne
- ○ Mundgeruch

- ○ Übelriechender Stuhl
- ○ Heißhunger
- ○ Sodbrennen
- ○ Blähungen
- ○ Probleme mit den Nebenhöhlen
- ○ Gelenkschmerzen
- ○ Muskelschmerzen
- ○ Benommenheit
- ○ Geschwollene Lider oder dunkle Ringe unter den Augen
- ○ Völlegefühl
- ○ Ödeme
- ○ Wenig Lust auf Sex

Nachher

- ○ Strahlende Haut
- ○ Klare Augen
- ○ Kräftigeres Haar
- ○ Gewichtsverlust
- ○ Bessere Laune
- ○ Mehr Energie
- ○ Kaum oder gar kein Heißhunger
- ○ Mehr Körperzufriedenheit

- ○ Gefühl von Leichtigkeit
- ○ Guter Schlaf
- ○ Weniger Belag auf Zunge und Zähnen
- ○ Regelmäßiger Stuhlgang
- ○ Reinerer Atem
- ○ Klare Gedanken
- ○ Zunehmendes Wohlgefühl
- ○ Mehr Lust auf Sex

Was wir an einem Soup-Cleanse besonders mögen, ist die Tatsache, dass die positiven Resultate nicht verschwinden, wenn Sie damit aufhören. Es ist so einfach, die Grundregeln eines Soup-Cleanses in den Alltag zu integrieren. Deshalb ist dieses Programm deutlich Lifestyle-kompatibler als andere Cleanses, bei denen nur gilt: prassen oder darben. Ab Seite 110 lesen Sie, wie Sie dieses Wohlgefühl nach dem Cleanse für immer behalten können.

ZURÜCK ZUR NORMALITÄT: SUPPEN IM ALLTAG

Glückwunsch! Sie haben Ihren Cleanse hinter sich gebracht und fühlen sich (höchstwahrscheinlich) beschwingt und rundum wohl. Doch auch wenn Ihr offizieller Detox nun wohl zu Ende gegangen ist, heißt das nicht, dass Sie nicht weiter konsequent Ihr Ziel verfolgen können. Im Gegenteil: Wenn Sie sich an die Empfehlungen in diesem Kapitel halten, können Sie immer bei bester Gesundheit sein – nicht nur während eines Cleanses.

Wir empfehlen Ihnen einen Cleanse genauso zu verlassen, wie Sie hinein-gegangen sind: behutsam, nach und nach. Greifen Sie zu cleanen, voll-wertigen pflanzlichen Lebensmitteln und schränken Sie den Konsum von verarbeiteten, zuckerhaltigen Lebensmitteln sowie Koffein und Alkohol ein – am besten, Sie verzichten ganz darauf. Dann fügen Sie allmählich wieder Nahrungsmittel hinzu, die mächtiger und schwerer zu verdauen sind, wie etwa tierische Produkte. Wenn Sie also ein Fleischesser sind, könnten Sie nach dem Cleanse damit beginnen, Ihrem Körper zunächst Fisch anzubieten, dann Hähnchen und erst danach Rindfleisch. So bringen Sie Ihren Organis-mus nicht abrupt zurück in seine alten Muster, sondern legen den Grund-stein für lebenslange gesunde Essgewohnheiten. Während der Ausschleich-phase können Sie als Mittag- oder Abendessen bei Suppe bleiben. Wir versuchen mindestens dreimal pro Woche mittags nur Suppe zu essen, damit unsere Bäuche flach bleiben und wir uns gut fühlen.

Ernährung fürs Leben

Am Souping schätzen wir mit am meisten, dass es kein plötzlicher Abschied von einer normalen Ernährung ist. Sie essen weiterhin, schonen dabei aber gleichzeitig Ihr Verdauungssystem mehr als sonst und achten besonders darauf, nicht zu viel Zucker (in welcher Form auch immer) oder schwer verdauliche Lebensmittel zu sich zu nehmen.

Wenn Sie langsam zu Ihrer »normalen« Ernährung zurückkehren, sollten Sie nicht vergessen, was Sie während Ihres Cleanses gelernt haben. Erinnern Sie sich an Ihren Cleanse-Tagesrhythmus: wie Sie Ihren Körper morgens sanft weckten, ihm den Tag über tonnenweise Brennstoff und immer wieder Energiebooster zuführten und ihn dann ganz langsam für die Nacht zur Ruhe kommen ließen. Sie haben sich mit Lebensmitteln versorgt, die alle Nährstoffe enthalten, die Sie brauchen; schädliche Nahrungsmittel haben Sie jedoch gemieden. Genau das ist Ihre Ernährung fürs Leben.

IHR NEUER TELLER

Jetzt, wo der Cleanse vorüber ist und Sie sich wieder an feste Nahrung gewöhnen, sollten Sie neu überdenken, wie viel Sie von welchen Lebensmitteln auf Ihren Teller geben. Stellen Sie sich einen Teller vor. Vor Ihrem inneren Auge halbieren Sie ihn und die andere Hälfte dann noch einmal. Das ist die Grundlage dafür, wie Ihre Mahlzeiten jetzt aussehen sollten. Im Idealfall wäre die Hälfte des Tellers mit Gemüse gefüllt, ein Viertel mit eiweißreichen Lebensmitteln (pflanzlich oder tierisch – eine etwa handtellergroße Portion) und das letzte Viertel mit glutenfreiem Getreide oder stärkehaltigem Gemüse.

SUPPEN GEHÖREN VON NUN AN DAZU

Auch wenn der Cleanse vorbei ist, bedeutet das nicht, dass es mit köstlichen, nahrhaften Suppen ebenfalls vorbei ist! Bauen Sie die Suppen weiterhin in Ihren Speiseplan ein. Sie schmecken so gut, und es ist so einfach, sie zu genießen und in den Plan aufzunehmen – eine am Tag, ein paarmal pro Woche oder wann immer Ihnen danach ist. Auf diese wunderbare Weise unterstützen Sie Gesundheit und Wohlbefinden langfristig und nachhaltig. Sie werden sich großartig fühlen, was man Ihnen auch ansieht.

DAS GEHÖRT AUF DEN TELLER

- *Gemüse.* Wie schon gesagt: Das Ziel ist, den »Regenbogen« zu essen, also im Lauf der Woche, so viele Farben wie möglich auf Ihren Teller zu bringen. Wir gehen gern auf den Wochenmarkt oder in einen gut sortierten Gemüseladen, um Anregungen zu bekommen und bringen von jedem Gang dorthin etwas uns zuvor Unbekanntes mit. Genau das empfehlen wir Ihnen auch, denn innerhalb kurzer Zeit steht Ihnen eine solide, abwechslungsreiche Gemüseauswahl zur Verfügung, die Sie nach Lust und Laune zubereiten können. Wenn Sie Ihren Teller (Ihre Bowl oder Ihren Becher) zu den meisten Mahlzeiten des Tages mit Gemüse füllen – geröstet, gedünstet, pfannengerührt, püriert oder als Salat – stellen Sie sicher, dass Sie auf keinen Fall zu viel von den weniger guten Sachen essen.

- *Getreide und Stärkehaltiges.* Die Stärke aus Gemüse und Getreide wird letztendlich im Körper zu Zucker (Glukose) verstoffwechselt. Zwar helfen die ebenfalls enthaltenen Ballaststoffe, die Auswirkungen des Zuckers (nämlich das Hochschnellen des Blutzuckerspiegels) auf den Organismus zu verringern, doch Sie sollten dennoch nicht zu jeder Mahlzeit zu viel Stärke verzehren. Empfehlenswerte stärkehaltige Gemüse sind u. a. Erbsen, Pastinaken, Kartoffeln, Kürbis, Zucchini, Mais und Yamswurzeln. Was Getreide angeht, so sollten Sie sich an glutenfreies Getreide und Pseudogetreide halten. Dazu gehören Naturreis, Quinoa, Hirse, Amaranth, Buchweizen, (glutenfreie) Haferflocken und glutenfreie Pasta; es kann aber auch absolut in Ordnung sein, gelegentlich glutenhaltiges Vollkorn zu verzehren (Gerste, Roggen, Dinkel, Kamut, Hartweizengrieß). Hauptsache, Ihr Körper fühlt sich danach gut (mehr dazu gleich).

- *Tierisches Eiweiß.* Wenn es darum geht tierische Produkte wie Fleisch und Eier zu essen, sollten Sie unbedingt auf die Herkunft achten. Wenn Sie nicht sowieso zu Bio-Produkten greifen, sollten Sie zumindest darauf achten, dass das Rindfleisch von Tieren aus Weidehaltung, Eier und Geflügelfleisch aus Freilandhaltung und überhaupt alles aus artgerechter Haltung stammt. Dort werden Hormone und Antibiotika äußerst verantwortungsvoll eingesetzt. Möglicherweise sind die Angaben auf verpacktem Fleisch nicht zufriedenstellend. Umso wichtiger ist es, sich beim Fleischer nach der Herkunft der Produkte zu erkundigen bzw. Fleisch und Eier direkt vom Bauern (des Vertrauens) zu beziehen. Weil Fleisch im Körper säuernd wirken kann, ist es günstig, dieses mit basischen Lebensmitteln wie grünem Blattgemüse zu kombinieren. So wird die Säure schon während des Verdauungsvorgangs neutralisiert.

- *Fisch.* Fische in Aquakultur bekommen oft getreidehaltiges Futter und werden mit Antibiotika vollgepumpt. Eine bessere Wahl sind Fische aus Bio-Aquakultur, die beste Wahl sind Fische aus Wildfang. Ob frisch oder tiefgekühlt, spielt keine so große Rolle. Finden Sie heraus, welcher Fisch in Ihrer Region gerade Saison hat. Was Sie nicht gleich verwenden, können Sie einfrieren.

- *Pflanzliches Eiweiß.* Es ist insbesondere in Bohnenkernen, Linsen und manchem (Pseudo-)Getreide wie Quinoa enthalten. Hülsenfrüchte enthalten natürliche Substanzen (z. B. Phytinsäure), die für das Pflanzenwachstum wichtig sind. Für die Nährstoffversorgung wirkt sich dies jedoch negativ aus, da sie die Aufnahme bestimmter Nährstoffe (z. B. Mineralstoffe) im Darm behindern. Deshalb empfehlen wir, Hülsenfrüchte über Nacht einzuweichen und vor dem Garen abzuspülen, um die Verdaulichkeit zu verbessern. Hülsenfrüchte aus Konserven sollten vor der Verwendung gut abgespült werden.

VON MARLYN, UNSERER ERNÄHRUNGSWISSENSCHAFTLERIN: DER WEG ZU GUTEN GEWOHNHEITEN

Jetzt geht es darum, gute Gewohnheiten aufzubauen und sich von nicht so guten nach und nach zu verabschieden. Greifen Sie immer häufiger zu gesunden Lebensmitteln – dann haben die ungesunden weniger Raum. Selbst wenn Sie nichts weiter tun, als mehr Gemüse zu essen, ist das schon ein Schritt hin zu einem besseren Gesundheitszustand. Wenn Sie vermehrt nährstoffreichere Nahrung zu sich nehmen, wird mit der Zeit der Heißhunger auf ungesunde Nahrungsmittel nachlassen, Sie werden sich besser fühlen und ganz von selbst Nahrungsmitteln, nach deren Verzehr sie sich nicht so wohl fühlen, weglassen. Und irgendwann essen Sie weniger Zucker und weniger verarbeitete Lebensmittel. Möglicherweise haben Sie weiterhin dieses Verlangen nach Schokokuchen, aber den können Sie aus gesunden Zutaten auch selbst backen, oder Sie kaufen ihn im Bio-Laden.

Ihr neuer Tagesrhythmus

Genauso wie es eine ideale Art und Weise gibt, während eines Cleanses die Suppen zu essen, gibt es auch die bestmögliche Art, sie so auf den Tag zu verteilen, wie es Ihrem Körper am besten bekommt. Diese Verteilung basiert auf der Weisheit alter Heilverfahren wie der Traditionellen Chinesischen Medizin und Ayurveda. Wichtig: Vergessen Sie nicht, den ganzen Tag über genug zu trinken!

- *Früh am Morgen (6 Uhr bis 10 Uhr).* Noch ist das Verdauungsfeuer nicht vollständig entfacht. Deshalb ist jetzt der richtige Zeitpunkt für etwas, das im Mixer bereits aufgeschlossen wurde und leicht verdaulich ist. Eines unserer aromatisierten Wässer, eine kalte Suppe oder eine der Brühen ist ein großartiger Start in den Tag. Sie bekommen reichlich Nährstoffe, ohne dass der Körper für die Verdauung eine Menge Energie aufwenden muss.

- *Frühstück.* Gegen 10 Uhr nehmen wir gern etwas Eiweiß zu uns, in Form von Haferbrei, Müsli, einem »Superhero«-Smoothie (Seite 172) oder einem Omelett. Etwas Protein plus ein wenig gesundes Fett und Ballaststoffe sorgen dafür, dass man gesättigt ist, und verhindert Heißhunger. Ab Seite 179 finden Sie einige unserer bevorzugten Frühstücksrezepte. Wer hätte gedacht, dass Kotobuki, die japanische Süßkartoffel, so gesund und Zutat für ein Frühstücksomelett sein könnte?

- *Snack am Vormittag.* Wenn Sie nicht gerade fasten oder aus gesundheitlichen Gründen häufiger essen müssen, empfehlen wir Ihnen, alle drei bis vier Stunden zu essen, damit der Blutzucker stabil bleibt und Sie sich gut fühlen. Zu jedem dieser Intervalle braucht der Körper normalerweise etwas pflanzliches oder tierisches Protein zur Unterstützung der Zellreparatur. Anderenfalls holt er sich diesen Nährstoff aus seiner eigenen Muskelmasse. Auf den Seiten 215 f. finden Sie unsere schnellen und einfachen Snack-Favoriten.

- *Mittagessen.* Dies ist die größte Mahlzeit des Tages. Stellen Sie sich wieder Ihren Teller vor – halb mit Gemüse, zu je einem Viertel mit Protein- und Stärkehaltigem gefüllt. Wie wäre es mit einem Becher Rindfleischsuppe mit Gerstengraupen (Seite 203 f.) oder Auberginen-Linsen-Suppe (Seite 144) oder einer Portion Blattsalaten mit zitruswürziger Hähnchebrust (Seite 206)?

- *Snack am Nachmittag.* Wenn der nachmittägliche Durchhänger eintritt, sollten Sie nicht versuchen, bis zum Abendessen durchzupowern. Ganz viele Leute essen den ganzen Tag lang nichts, weil sie so viel zu tun haben und unter Adrenalin (und oft auch Koffein) stehen. Das bedeutet meist, dass sie zwischen 16 und 21 Uhr alles nachholen. Doch wenn man abends zu viel schwere Nahrung zu sich nimmt, setzt das eine Kaskade von ungesunden Folgeerscheinungen in Gang: Üblicherweise kann man nicht zu einer gesunden Zeit einschlafen (was den körpereigenen Rhythmus durcheinanderbringt), der Körper verwendet seine Energie statt für Reparaturen für die Verdauung, und der Parasympathikus kann nicht anspringen, was einen schlapp und müde aufwachen lässt (und oft dazu führt, dass man zu den falschen Nahrungsmitteln greift – ein Teufelskreis). Unsere Empfehlung: Bekämpfen Sie den Nachmittagsdurchhänger mit einer kalten Suppe, einer Gemüse- oder Knochenbrühe, einem kühlen Nussmilch-Smoothie oder etwas anderem aus unseren Vorschlägen auf Seite 215 f. Wenn Sie zu den Kaffeetrinkern gehören, probieren Sie statt Kaffee einen unserer Tees oder Lattes.

- *Abendessen.* Sie wissen ja inzwischen: Stopft man den Körper unmittelbar vor einer Ruhephase mit einer Menge Essen voll, führt das zu Verdauungsproblemen, Schlafstörungen und Energieverlust. Gönnen Sie Ihrem Körper vor der Schlafenszeit lieber eine leichtere, aber ausgewogene Mahlzeit. Eine unserer Suppen wäre eine sehr gute Wahl; oder Sie essen ein Stück Fisch mit Gemüse, wie unseren Ofenlachs mit Avocado-Ingwer-Mango-Salsa (Seite 208).

- *Schlummertrunk.* Manchmal hat man vor dem Schlafengehen noch Lust auf eine Kleinigkeit. Da bieten sich unsere Tees und Lattes (Seite 174–176) oder ein Becher Brühe aus Röstgemüse (Seite 162) an.

Fertiggerichte

Wir werden darauf später noch detaillierter eingehen, möchten Sie aber jetzt schon wissen lassen, dass wir Verständnis haben, wenn Sie nicht gleich zur Küchenfee mutieren wollen. Doch wenn Sie weiterhin Fertigprodukte kaufen, sollten Sie unbedingt die Packungsangaben durchlesen und zu Produkten greifen, die aus höchstens fünf bis sieben Zutaten bestehen. Und zwar aus vollwertigen Zutaten, vorzugsweise in Bio-Qualität. Außerdem sollten sie keine raffinierten Süßungsmittel enthalten. Wie gesagt, selbst für Bio-Produkte dürfen Konservierungs-, Zusatz- und Füllstoffe verwendet werden. Suppen und Brühen sind besonders tückisch, weil viele von ihnen MNG/MSG (Seite 32) enthalten. Eine ganz einfache Regel lautet: Wenn man eine Zutat nicht aussprechen kann, sollte man sie auch nicht essen!

VON MARLYN, UNSERER ERNÄHRUNGSWISSENSCHAFTLERIN: SEIEN SIE LEBENSMITTEL-DETEKTIV

Viele meiner Klienten klagen über Allergien, Stimmungsschwankungen, Kopfschmerzen, Blähbauch, Ausschläge und noch viel mehr. Oft erscheinen die Symptome plötzlich und scheinbar aus heiterem Himmel. Ich bitte diese Menschen dann, sich an den Zustand zu erinnern als es ihnen gutging. Von dort aus arbeiten wir heraus, was sich verändert haben könnte.

Wenn Sie das nächste Mal Ausschlag/Kopfschmerzen/schlaflose Nächte/Verdauungsprobleme bemerken, sollten Sie versuchen herauszufinden, woher diese Symptome rühren. Egal, ob sie ernährungsabhängig, seelisch oder hormonell bedingt sind – es handelt sich um eine Information darüber, was Ihrem Körper nicht bekommt. Auch ein Lebensmittel mit gutem Ruf, etwa glutenhaltiges Getreide kann bei Ihnen zu negativen Symptomen führen. Übernehmen Sie die Verantwortung für Ihren Körper, denn niemand kennt ihn besser als Sie!

Zucker

Dass wir gegen den Verzehr von Zucker in jeglicher Form – wie Rüben-, Frucht-, Palm-, Rohr- oder Traubenzucker – sind, wissen Sie ja bereits. Ein Zuviel an Zucker ist die Wurzel der meisten, wenn nicht aller, gesundheitlichen Probleme. Deshalb ist es ganz wichtig, dass Sie sich bewusst machen, wie viel davon Sie zu sich nehmen und woher er stammt. Wir raten zu natürlichen Süßungsmitteln, die sanft zum Körper sind: Datteln, getrocknete Aprikosen, Kokoszucker, Honig oder ein klein wenig Kokosblüten- oder Ahornsirup.

Wie sieht's mit Kaffee aus?

Kaffee wurde in der chinesischen Medizin als Heilmittel eingesetzt. Er kann den Stoffwechsel unterstützen, den Kreislauf anregen, Lungen und Nieren stärken. Dennoch: Kaffee kann säuernd wirken. Außerdem ist es für die Leber, das Hauptentgiftungsorgan, harte Arbeit Kaffee zu verstoffwechseln. Und: Kaffee hat eine Halbwertzeit von zehn Stunden, bleibt also länger im Blut, als Sie annehmen, und kann sich negativ auf den Schlaf auswirken.

Welche Rolle Kaffee in Ihrer Ernährung spielt, hat wieder mit Balance zu tun. Trinken Sie zwei Tassen oder neun? Sind Sie süchtig? Trinken Sie ihn, weil Sie sich antriebslos fühlen – wo Sie doch aufspüren sollten, was Sie so niederzieht, statt sich noch eine Tasse einzuschenken? Tut er Ihnen wirklich gut? Wenn Grüntee mit Maca für Sie kein zufriedenstellender Ersatz ist, dann trinken Sie Kaffee bewusst und machen Sie sich klar, warum Sie ihn trinken. Kaufen Sie den hochwertigsten Bio-Kaffee, den Sie bekommen können.

Und was ist mit Alkohol?

Uns geht es vor allem um Ausgewogenheit, und dazu gehört auch, dass man hin und wieder feiert. In diesem Buch finden Sie sogar ein paar spritzige Varianten zu unseren Säften und aromatisierten Wässern (ab Seite 126). Nichtsdestotrotz: Wein, Bier und harte Getränke werden vom Körper in Zucker umgewandelt und erhöhen damit die Gesamtzuckermenge. Wenn Sie also Wein trinken möchten, sollten Sie an dem Tag weniger Obst oder stärkehaltiges Gemüse verzehren. Gleichen Sie das Trinken von Alkohol unbedingt mit Gesünderem wie Sport und einem zusätzlichen Glas Wasser aus (Alkohol dehydriert!). Denken Sie auch darüber nach, warum Sie einen Drink einsetzen – soll er eine Bereicherung der Mahlzeit sein und entspannen? Oder möchten Sie damit Emotionen, mit denen Sie sich nicht auseinandersetzen wollen, herunterspülen? Wie immer, so geht es auch hier um Disziplin und darum, dass Sie Ihr gesundes Ich gestalten. Wenn Sie bemerken, dass Ihnen das Gefühl von Ausgeglichenheit, dass Sie während des Cleanses erworben haben, abhanden gekommen ist, dann gönnen Sie sich einen 1-tägigen Cleanse, um zu rebooten, zu regenerieren und sich wieder neu aufzustellen.

Jetzt ziehen wir uns zurück

Unsere allerherzlichsten Glückwünsche dazu, dass Sie es bis zum Ende dieses Teils des Buches geschafft haben – doch das wird sicher nicht das Ende Ihrer Reise in Richtung Gesundheit sein. Wir hoffen, dass Sie dieses Buch immer und immer wieder zur Hand nehmen werden, zum Nachschlagen und als Ansporn. Die Gedanken, Ratschläge und Weisheiten, die wir darin aufgenommen haben, helfen auch uns nach wie vor dabei, nicht aus den Augen zu verlieren, wie wichtig es ist, dem Körper all die Nahrung und Unterstützung zu bieten, die er braucht – und wie köstlich und vergnüglich das sein kann! Denken Sie stets daran: Haben Sie Geduld mit sich selbst, seien Sie gut zu sich und scheuen Sie sich nicht, immer nur einen Tag nach dem anderen anzugehen. Und nun: Es darf gesoupt werden.

DIE REZEPTE

DAS HERZSTÜCK: DIE CLEANSE-REZEPTE

In Zusammenarbeit mit Profiköchen und erfahrenen Ernährungsberatern haben wir eine Sammlung von nährenden heißen und kalten Suppen, heilsamen Brühen, flüssigkeitsspendenden aromatisierten Wässern, verführerischen Nussmilchen und heilenden Tees sowie Lattes erarbeitet. Die folgenden Rezepte sind gesund und köstlich. Zusätzlich zu allen Rezepten, die Sie für einen Cleanse benötigen, finden Sie außerdem solche, die Sie auch genauso gut einfach so essen können – von schnellen Snacks über einfache Gemüsegerichte bis hin zu nährstoffreichen Vorspeisen, Desserts und sogar Cocktails. Ja, genau: Cocktails! Auch Suppen dürfen mal unvernünftig sein. Wir haben viel Zeit investiert, um die perfekte Balance zwischen herzhaft und süß zu finden, Aromen abzurunden und die ideale Konsistenz herauszuarbeiten. Ebenso haben wir daran herumgetüftelt Zutaten so zu kombinieren, dass sie eine therapeutische Wirkung entfalten können. Für die Rezepte benötigen Sie keine ausgefallenen Gerätschaften oder komplizierteen Techniken. Das einzige, was Sie wirklich brauchen, sind ein bisschen Experimentierlust und der Wunsch, sich absolut großartig zu fühlen.

Sie kochen nicht so gern? Wir machen Ihnen keinen Vorwurf. Aber bedenken Sie bitte: Die meisten gekauften Fertiggerichte stecken voll Zucker, Konservierungs- und Füllstoffen. Selbst Fertiggerichte mit nährstoffreichen Bio-Zutaten, können so stark erhitzt worden sein, dass all die positiven Inhaltsstoffe weitestgehend zerstört werden. Packungsangaben können täuschen und verwirren – Zucker erscheint dort in vielen nicht sofort identifizierbaren Formen und genauso Zutaten, die auf den ersten Blick harmlos erscheinen, können gesundheitliche Probleme verursachen. Warum also sollten Sie Ihre Zeit damit vergeuden, kaum lesbare Angaben zu studieren, wenn Sie saisonale frische Zutaten kaufen und daraus zu Hause gesunde Gerichte kreieren können? Mit ein bisschen Planung und etwas Vorbereitung kann Kochen eine fantastische Bereicherung für einen gesunden Lifestyle und Körper sein!

Das heißt aber nicht, dass Sie stundenlang in der Küche schuften müssen – weit gefehlt. Es gibt viele Möglichkeiten, sich die Sache zu erleichtern: Kaufen Sie vorgeschnittenes Gemüse oder greifen Sie in der Tiefkühl-Abteilung zu (Tiefkühl-Obst und -Gemüse werden sofort nach der Ernte schockgefrostet und büßen dabei kaum Nährstoffe ein). Oder wählen Sie einen Tag in der Woche, an dem Sie nichts anderes tun, als Gemüse zu waschen und vorzubereiten, und einen zweiten, an dem Sie kochen – das ist weniger stressig. Können Sie Partner, Kinder, Mitbewohner, Nachbarn oder Freunde als Küchenhilfe einspannen? Ein köstliches selbst gekochtes Gericht im Austausch gegen Abspüldienste ist doch ein ziemlich guter Deal.

Betrachten Sie es nicht als Pflicht, sondern als Vergnügen, für sich und ihre Familie zu kochen. Sie schaffen es, das heilsamste, nährstoffreichste Essen zuzubereiten, das es gibt. Dosensuppen und Fertiggerichte sind da chancenlos. Sie selbst können köstliche Mahlzeiten zubereiten – ohne Füll- und Zusatzstoffe, ohne Mengen von Salz und Zucker, ohne künstliche Farbstoffe, Pestizide und all den anderen Mist, der Ihnen Nährstoffe raubt, Ihrem Körper schadet und Sie krank macht. Also: Musik anmachen, eine Kerze anzünden, ein Glas Wein eingießen, und schon kann es losgehen. Spielen Sie, experimentieren Sie, genießen Sie! Laden Sie Freunde und Familie zum Essen ein und lassen Sie jeden eines Ihrer Lieblingsgerichte aus diesem Buch mitbringen. Unsere Kinder haben viel über Messen, Wiegen und das Befolgen von Anleitungen gelernt, als sie uns in der Küche geholfen haben und hatten dabei auch noch mächtig Spaß. Übrigens: Animieren Sie Ihre Freunde, ebenfalls Suppen zu kochen. Dann kann jeder mit jedem tauschen und Kühlschrank oder Tiefkühler mit einer riesigen Suppenauswahl bestücken.

Wir hoffen, dass Ihnen unsere Rezepte gefallen werden – wir haben sie mit Liebe entwickelt, getestet und gekostet. Bevor Sie loslegen, möchten wir Ihnen unsere Küchenchefin Joli Robinson vorstellen, die uns zusammen mit Kelsey De Gracia bei der Rezeptentwicklung sehr geholfen hat. Joli und Kelsey wissen aus eigener Erfahrung, was es bedeutet, wenn man bestimmte Lebensmittel nicht verträgt. Jetzt helfen sie uns dabei, Produkte zu kreieren und zu verfeinern, die nicht nur das gesamte Spektrum an Nährstoffen bieten, sondern auch überaus köstlich sind.

VON SOUPURE EXECUTIVE CHEF JOLI ROBINSON, UNSERER KÜCHENCHEFIN

Weil ich mich selbst damit auseinandersetzen musste, wie schädlich Gluten sein kann, machte ich mich auf die Suche nach der Nahrung, die meinem Körper guttut und nicht schadet. Niemand ahnte, dass die Beschwerden, die ich als Kind hatte, auf Nahrungsmittelunverträglichkeiten zurückzuführen waren. Ich entdeckte es erst mit Anfang 20, bis dahin musste ich also unnötig leiden. Ich hatte immer das Gefühl, mein Körper sei mehr Feind als Freund. Dabei aß ich, was als »gesund« galt. Glücklicherweise begegnete ich eines Tages Rose Marie Swift, einer Frau, die selbst mit gesundheitlichen Problemen zu kämpfen hatte. Sie unterstützte mich dabei herauszufinden, was in meinem Körper vorging und was die Ernährung damit zu tun hatte. Ich konnte kaum glauben, dass meine Lethargie und mein ständiges Unwohlsein damit zu tun hatten, was ich aß. Als es mir wieder richtig gut ging, wollte ich wissen, wie es mir noch besser gehen könnte.

Vor drei Jahren kündigte ich meinen Job in New York, zog nach Kalifornien, machte bei sehr begabten Köchen eine Kochausbildung und kochte danach für Privatleute. Ich lernte das Handwerk und wie köstlich Essen sein kann, das dem Körper guttut: Unverfälschte Nahrung ist die beste Grundlage für ein gesundes, beschwingtes Leben. Wenn Sie sich um Ihren Körper kümmern, lässt er Sie nicht im Stich! Ich weiß genau, wie es ist, wenn man eine Ernährung aufgezwungen bekommt, die einem nicht guttut und fühle mit jedem, der unnötig leiden muss. Mein Weg hat mir gezeigt, dass man für Wohlbefinden nicht auf Wohlgeschmack verzichten muss. Man kann das Beste aus beiden Welten haben, und man kann mit Lebensmitteln genauso kreativ umgehen wie ein Künstler mit Farbe und Leinwand. Wir hoffen, dass Sie von unseren Suppen, Wässern, Tees und Ratschlägen so begeistert sein werden wie wir selbst. Ein Hoch auf Gesundheit und Glücklichsein!

WIE LANGE HALTEN SICH DIE SUPPEN?

Wir empfehlen, die Suppen höchstens drei Tage im Kühlschrank aufzubewahren. Danach verlieren sie allmählich Nährstoffe. Wenn Sie einen 5-tägigen Cleanse durchführen, müssen Sie entweder zweimal Suppe kochen, oder Sie frieren eine Portion einer doppelten Menge ein (siehe unten). Vor der Lagerung im Kühlschrank oder im Tiefkühlgerät müssen die Suppen rasch abkühlen. Dazu geeignet sind folgende Methoden:

Methode eins: Die fertige Suppe in ein großes Glasgefäß oder in mehrere kleinere Behälter (viele Rezeptmengen passen in ein 2-Liter-Einmachglas oder zwei 1-Liter-Einmachgläser) gießen. Einen großen Topf mit Eis füllen und die offenen Gläser hineinstellen. Nun kaltes Wasser in den Topf gießen, bis die Gefäße vom Wasser umgeben sind. Alle 30 Min. umrühren, damit die Suppe ganz auskühlt (optimal ist eine Temperatur von etwa 7 °C). Gläser fest verschließen und in den Kühlschrank oder das Tiefkühlgerät stellen.
Methode zwei: Die Spüle mit Eis füllen und den Topf hineinstellen. Vorsichtig Wasser ins Becken laufen lassen, bis der Topf komplett darin steht, aber kein Wasser hineingelangt. Die Suppe alle 30 Min. umrühren, damit sie auskühlt. In fest verschließbare Gläser füllen und kühl stellen oder einfrieren.

DIE SUPPEN EINFRIEREN

Eine gute Möglichkeit, die Mahlzeiten im Voraus zuzubereiten (besonders für einen Cleanse) ist, gleich größere Mengen davon herzustellen und dann einzufrieren. Wird die frische Suppe gleich nach dem Abkühlen in fest verschlossenen Behältern eingefroren, bleiben die Nährstoffe erhalten. Allerdings kann sich die Konsistenz verändern; einige Suppen lassen sich besser einfrieren als andere. So eignet sich pürierte Suppen gut zum Einfrieren, während bei stückigen Suppen sich die Konsistenz von Pilz- und/oder Gemüsestücken oft verändert. Sobald eine Suppe aufgetaut ist, wird sie auf dem Herd erhitzt. Dabei kräftig mit einem Schneebesen durchrühren und falls nötig mit etwas Wasser verdünnen. Danach schmeckt sie wie frisch gekocht.

EIN WORT ZU BIO-ZUTATEN

Für unsere Rezepte sollten Sie Bio-Zutaten verwenden, wann immer möglich. Vor allem, wenn Sie Obst oder Gemüse mit der Schale verwenden.

SALZ

Zwar enthalten unsere Suppen weit weniger Natrium als herkömmliche Dosen- bzw. Fertigsuppen, doch es ist Salz drin. Der Grund: Natrium ist lebensnotwendig. Insbesondere unterstützt es die Reizweiterleitung zwischen Gehirn- und Nervenzellen. Wir verwenden Salz jedoch bewusst sparsam und zwar ausschließlich Meersalz, das neben Natrium und Chlor noch 82 andere Elemente enthält (z. B. Kalium, Eisen und Zink). Auch wenn sie nur in winzigster Menge vorliegen, diese Elemente spielen eine wichtige Rolle für unsere Gesundheit. Auch schonend verarbeitetes Steinsalz bietet Ihnen diese natürlichen Elemente. Hingegen handelt es sich bei Koch- oder Tafelsalz um ein hochraffiniertes Produkt, das fast vollständig aus Natriumchlorid besteht und mit dem Naturprodukt Salz nichts mehr zu tun hat.

KRÄUTER, OBST UND GEMÜSE WASCHEN

Waschen Sie Gemüse, Obst und frische Kräuter vor der Verarbeitung. Auch Bio-Ware kann mit Dünger, Insekten und Bakterien behaftet sein – egal, wie natürlich das alles ist, appetitlich ist es jedenfalls nicht. Außerdem sind da noch Bauer, Fahrzeuge, Ladenpersonal und ziemlich sicher auch andere Kunden, mit denen die Ware Berührung hatte. Also: Man kann nie wissen.

DER SCHLÜSSEL ZUM ERFOLG

Alle Rezepte sind frei von Milchprodukten, raffiniertem Zucker, Weißmehl und anderen hochverarbeiteten sowie entzündungsauslösenden Zutaten. Um Ihnen die Auswahl zu erleichtern, haben wir die Rezepte gekennzeichnet:

 als Mittagssuppe geeignet   als Abendsuppe geeignet

 Paleo-kompatibel   Roh

 Glutenfrei (wenn Sie an Zöliakie leiden, sollten Sie trotzdem die Zutatenlisten mit Ihrem Arzt und/oder Ernährungstherapeuten durchgehen)

 Vegan; (V) in Klammern zeigt, dass eine nicht-vegane Zutat enthalten ist, die ersetzt oder weggelassen werden kann

AROMATISIERTE WÄSSER

Es ist einfach so: Manchmal ist reines Wasser einfach langweilig. Aber Saft, Fruchtsaft- und Erfrischungsgetränke sowie Limonaden enthalten zu viel Zucker und andere schlimme Sachen. Außerdem: Was Detox-Power angeht, so ist Wasser allem anderen weit überlegen. Es hilft alles im Körper Unerwünschte herauszuspülen, unterstützt und versorgt Organe, Gewebe und Zellen, damit unser Körper optimal funktioniert. Um Ihnen Wasser schmackhaft zu machen und damit Sie es leicht in ihren Tagesablauf integrieren können, stellen wir Ihnen unsere eigenen aromatisierten Wässer vor. Sie sind mit Obst und Kräutern angereichert und basisch. Das sieht nicht nur wunderschön aus, sondern die Wässer schmecken auch köstlich und sorgen für ausreichende Hydrierung während eines Cleanses. Präsentieren Sie eines oder mehrere der Wässer beispielsweise auf einer Party in einem Glaskrug oder Einmachglas. Sie werden feststellen: Die milden, erfrischenden und wenig süßen Getränke werden ein Renner sein.

Wir hatten die aromatisierten Wässer eigentlich als Begleitung für unseren Cleanse konzipiert, aber sie schmecken uns inzwischen so gut, dass wir sie jeden Tag trinken – egal, ob wir cleansen oder nicht. Einige der Rezepte tauchen als Basis für ein paar unserer Cocktails ab Seite 219 noch einmal auf. Wenn Sie also nicht cleansen und sich einen Cocktail gönnen möchten – diese Drinks kommen garantiert gut an.

Auf den folgenden Seiten finden Sie unsere drei Lieblings-Wässer. Experimentieren Sie ruhig selbst: Es gibt zahllose Möglichkeiten. Verwenden Sie am besten basisches Mineralwasser, Leitungswasser ist auch okay.

WASSER MIT ANANAS, BASILIKUM & GURKE

Ergibt ca. 1,5 l
Cleanse-Portionsgröße: 500 ml
Zubereitungszeit: 12 Min.

300 g Ananasfruchtfleisch,
klein gewürfelt
6 Basilikumblätter
1 kleine Salatgurke, in dünne
Scheiben geschnitten
1,5 l Wasser
Eiswürfel (nach Belieben)

1. Die Hälfte der Ananaswürfel in den Mixer geben, knapp mit Wasser bedecken und auf niedriger Stufe pürieren. Beiseitestellen.

2. Das Basilikum in einen Krug oder ein Einmachglas (ca. 2 l Inhalt) geben und mit einem Stößel oder dem Ende eines Kochlöffelstiels andrücken. Dafür Stößel oder Stiel auf den Blättern hin- und herdrehen – sie sollen nur ihr Aroma freisetzen und nicht vollständig zerquetscht werden!

3. Die Gurkenscheiben und die restlichen Ananaswürfel in das Gefäß geben und genauso andrücken wie die Basilikumblätter; also nur so lange, bis sie Saft abgeben.

4. Das Ananaspüree aus dem Mixer dazugeben und alles verrühren. Das Gefäß mit dem Wasser auffüllen und kalt stellen. Man könnte das Wasser auch gleich trinken, aber der Geschmack wird intensiver, wenn das Wasser durchziehen kann. Lassen Sie es besser ein paar Stunden oder sogar über Nacht im Kühlschrank stehen.

5. Vor dem Genießen das Getränk durch ein feines Sieb in ein anderes Gefäß gießen, um die Obst- und Kräuterstücke zu entfernen. Nach Belieben mit Eiswürfeln servieren.

WASSER MIT MELONE, ERDBEEREN & ROSMARIN

Ergibt ca. 1,5 l
Cleanse-Portionsgröße: 500 ml
Zubereitungszeit: 10 Min.

1 Zweig Rosmarin
10 große Erdbeeren, geviertelt
150 g Wassermelonenfruchtfleisch
1,5 l Wasser
Eiswürfel (nach Belieben)

1. Den Rosmarin in einen Krug oder ein Einmachglas (ca. 2 l Inhalt) geben und mit einem Stößel oder dem Ende eines Kochlöffelstiels andrücken. Dafür Stößel oder Stiel auf den Nadeln hin- und herdrehen – sie sollen nur ihr Aroma freisetzen und nicht vollständig zerquetscht werden!

2. Erdbeeren und Wassermelone in das Gefäß geben und genauso andrücken wie den Rosmarin; also nur so lange, bis sie Saft abgeben. Nach Belieben können Sie ein paar Erdbeeren ganz lassen, das sieht recht hübsch aus.

3. Das Gefäß mit dem Wasser auffüllen und kalt stellen. Man könnte das Aroma-Wasser auch gleich trinken, aber der Geschmack wird intensiver, wenn das Ganze durchziehen kann. Lassen Sie es besser ein paar Stunden oder sogar über Nacht im Kühlschrank.

4. Das Getränk genießen, wie es ist oder vorher durch ein feines Sieb in ein anderes Gefäß gießen. Nach Belieben mit Eiswürfeln servieren.

WASSER MIT HEIDELBEEREN & MINZE

Ergibt ca. 1,5 l
Cleanse-Portionsgröße: 500 ml
Zubereitungszeit: 5 Min.

2 Stängel Minze
150 g Heidelbeeren
1,5 l Wasser
Eiswürfel (nach Belieben)

1. Die Minze (die ganzen Stängel oder die abgezupften Blätter, die dann im Wasser herumwirbeln können) in einen Krug oder ein Einmachglas (ca. 2 l Inhalt) geben und mit einem Stößel oder dem Ende eines Kochlöffelstiels andrücken. Dafür Stößel oder Stiel auf den Blättern hin- und herdrehen – sie sollen nur ihr Aroma freisetzen und nicht vollständig zerquetscht werden!

2. Die Heidelbeeren in das Gefäß geben und genauso andrücken wie die Minze; also nur so lange, bis sie Saft abgeben.

3. Das Gefäß mit dem Wasser auffüllen und kalt stellen. Man könnte es auch gleich trinken, aber der Geschmack wird intensiver, wenn das Ganze durchziehen kann. Lassen Sie das Aroma-Wasser besser ein paar Stunden oder sogar über Nacht im Kühlschrank stehen.

4. Das Getränk genießen, wie es ist oder vorher durch ein feines Sieb in ein anderes Gefäß gießen. Nach Belieben mit Eiswürfeln servieren.

KALTE SUPPEN

Die kalten Suppen bieten einen erfrischenden Gegensatz zu den heißen Suppen. Genießen Sie sie – in der empfohlenen Portionsgröße – vormittags als Snack anstelle einer Nussmilch oder am Nachmittag als kleine Stärkung.

GURKEN-MELONEN-SUPPE MIT TRAUBEN

Diese rohe Suppe verdankt ihre erfrischende Wirkung Gurken. Die sind dafür bekannt, dass sie die Körpertemperatur regeln, Giftstoffe ausschwemmen, die Augen beleben und stark hydrieren. Darüber hinaus enthält die Suppe noch Kokosmilch, helle Trauben, Zitrone, Limette und Dillpollen. Diese Zutaten sorgen für eine schönere Haut, helfen den Blutdruck zu regulieren, unterstützen beim Abnehmen und fördern die Herzgesundheit. Während eines Cleanses sollten Sie diese Suppe als Snack am Nachmittag oder nach dem Training einplanen. Sie wird nicht gelöffelt, sondern getrunken.

Ergibt ca. 1,5 l
Cleanse-Portionsgröße: 350 ml
Zubereitungszeit: 10 Min.

1 kg Salatgurken
Fruchtfleisch von 1 Honigmelone, in Scheiben geschnitten
250 g helle Weintrauben
4 EL Kokosmilch
je 1 ½ TL frisch gepresster Zitronen- und Limettensaft
1 Prise Dillpollen (nach Belieben)
1 Prise Salz (nach Belieben)

1. Alle Zutaten bis auf Dillpollen und Salz in den Mixer geben und auf höchster Stufe in etwa 1–2 Min. glatt pürieren.

2. Nach Belieben Dillpollen und Salz hinzufügen und auf niedriger Stufe untermischen.

3. Die Suppe kalt stellen und genießen. In einem fest verschlossenen Glasbehälter hält sie sich im Kühlschrank bis zu 36 Stunden.

ANANAS–PAPAYA–SUPPE MIT FENCHEL

Ananas und Papaya enthalten Vitamin C und Provitamin A sowie Antioxidanzien, die Lungen, Herz, Magen, Darm, Verdauungstrakt und Immunsystem beleben und regenerieren. Diese stark wirksamen Zutaten senken den Cholesterinspiegel und füllen jederzeit, besonders nach sportlicher Aktivität, die Elektrolytreserven wieder auf. Während eines Cleanses sollten Sie diese Suppe als Snack am Nachmittag oder nach dem Training einplanen. Sie wird nicht gelöffelt, sondern getrunken.

Ergibt ca. 1,5 l
Cleanse-Portionsgröße: 350 ml
Zubereitungszeit: 10 Min.

1 große Fenchelknolle, geviertelt
Fruchtfleisch von 1 reifen Ananas, in Scheiben geschnitten
Fruchtfleisch von 1 unreifen Papaya, in Scheiben geschnitten
250 ml rohes Kokoswasser (nicht aus Konzentrat)
1 ¼ TL frisch gepresster Zitronensaft
je 1 TL Saft und abgeriebene Schale von 1 Bio-Limette
1 Prise Salz (oder nach Geschmack)

1. Von der Fenchelknolle das Grün abschneiden. Es schmeckt etwas bitter, deshalb wird es hier nicht verwendet. Weil es aber genauso viele Nährstoffe enthält wie die Knolle, sollten Sie das Fenchelgrün für Hühnerbrühe (Seite 158) oder Brühe aus Röstgemüse (Seite 162) verwenden.

2. Alle Zutaten bis auf Limettenschale und Salz in den Mixer geben und auf höchster Stufe in 1–2 Min. glatt pürieren.

3. Limettenschale, 400 ml Wasser und Salz hinzufügen und auf niedrigster Stufe untermischen.

GAZPACHO

Wenn Sie auf der Suche nach einer leichten kalten Suppe fürs Mittagessen sind, dann sind Sie hier richtig! Hier wird nichts püriert. Einfach nur das Gemüse zerkleinern, etwas Sherryessig und Tomatensaft dazugeben, und man fühlt sich wie im Himmel. Für einen kleinen Schärfekick geben wir gern noch Tabasco und Cayennepfeffer dazu.
Für diese Suppe ist etwas Vorbereitung erforderlich. Wenn Sie die am Abend erledigen, können Sie die Suppe am nächsten Tag als kalten Vormittags- oder Nachmittags-Snack oder als Mittagessen genießen.

Ergibt 1–1,5 l
Cleanse-Portionsgröße: 350 ml
Zubereitungszeit: 15 Min.
Kühlzeit: 4–24 Std.

1 ½ Fleischtomaten oder 3 Tomaten
1 rote Paprikaschote, klein gewürfelt
1 kleine Salatgurke, geschält und klein gewürfelt
½ kleine Zwiebel, fein gewürfelt
1 Knoblauchzehe, zerdrückt
1 TL Tabasco
85 ml Sherryessig
1 TL Salz
½ TL frisch gemahlener Pfeffer
500 ml Tomatensaft
1 Prise Cayennepfeffer (oder nach Geschmack)
1 EL fein gehacktes Koriandergrün (nach Belieben)
½ Limette, in Spalten geschnitten (nach Belieben)

1. Die Tomaten halbieren, entkernen und in 5 mm große Würfel schneiden. Mit Paprika-, Gurken- und Zwiebelwürfeln sowie dem Knoblauch in eine große Schüssel geben. Tabasco, Sherryessig, Salz und Pfeffer untermischen. Über Nacht oder mindestens 4 Std. in den Kühlschrank stellen.

2. Tomatensaft und nach Geschmack Cayennepfeffer hinzufügen und alles mischen. Die Gazpacho in Tassen oder Gläsern servieren und nach Belieben mit Koriandergrün und Limettenspalten garnieren.

ROHE GRÜNE WOHLFÜHLSUPPE

Dank der Avocado ist diese »Joghurt«-Suppe (die tatsächlich keine Milchprodukte enthält) cremig und sättigend. Die seidige Konsistenz ist nicht ihr einziges Plus – Avocados enthalten eine Menge herzgesunde Fette, Ballaststoffe und mehr Kalium als Bananen. Nimmt man noch Eisen, Folsäure und die Vitamine B, C, E und K aus Spinat, Paprikaschoten und Zucchini dazu, hat man einen Snack mit hoher Nährstoffdichte, der sich perfekt als Zwischenmahlzeit eignet. Sie sollten diese cremige Köstlichkeit während Ihres Cleanses als Snack am Nachmittag (oder zu jeder anderen Tageszeit) genießen.

Ergibt ca. 800 ml
Cleanse-Portionsgröße: 200 ml
Zubereitungszeit: 15–20 Min.

350 ml frisch gepresster Orangensaft
50 ml frisch gepresster Zitronensaft
1 reife oder halbreife Avocado, geschält und vom Stein befreit
250 g Babyspinat
200 g Zucchini, grob zerkleinert
2 mittelscharfe Chilischoten oder
1 TL Chiliflocken
2 Knoblauchzehen
1 TL geriebene Ingwerwurzel
1 TL Salz, frisch gemahlener Pfeffer
1 Handvoll glatte Petersilie (nach Belieben)
4 Frühlingszwiebeln, in Ringen
¼ TL Paprikapulver

1. Orangen- und Zitronensaft in den Mixer geben. Avocado, Spinat, Zucchini, Chilis oder Chiliflocken, Knoblauch, Ingwer, Salz, Petersilie (nach Belieben) und die Hälfte der Frühlingszwiebeln hinzufügen und das Ganze in 1–2 Min. glatt pürieren.

2. Die Suppe mit Salz und Pfeffer abschmecken. Sollte sie zu dickflüssig sein, etwas Wasser untermixen.

3. Die Suppe auf Bowls oder tiefe Teller verteilen und mit den restlichen Frühlingszwiebelringen und dem Paprikapulver garnieren.

HEISSE SUPPEN

Diese Suppen sind das Herzstück unserer Cleanse und werden als Mittag- und Abendessen gegessen. Das wirklich Praktische an diesen Suppen ist, dass sie schnell warm gemacht und rasch verspeist sind – ideal an Tagen, an denen man keine Zeit hat, in aller Ruhe zu essen. Diese Rezepte bieten das gesamte Spektrum von erfrischend bis geradezu sündhaft. Wer hätte gedacht, dass Wohlfühlessen so köstlich sein kann?

KICHERERBSEN-SPINAT-SUPPE MIT RÜBCHEN

Kichererbsen liefern Protein, Vitamine, Ballast- und Mineralstoffe. Sie können einiges, beispielsweise die Cholesterinwerte senken oder Haut und Haare schöner werden lassen. Deshalb gehören Kichererbsen unbedingt auf unsere Einkaufslisten und in unsere Suppen. ·

Für 4–6 Portionen
Cleanse-Portionsgröße: 250 ml
Vorbereitungszeit: 20 Min.
Garzeit: 35 Min.

2 ½ EL natives Olivenöl extra
1 Zwiebel, gewürfelt
4 Knoblauchzehen, gehackt
1 Stück Ingwerwurzel (2–3 cm)
1 ½ TL gemahlener Zimt
1,5 l Brühe aus Röstgemüse (Seite 162)
Saft und Schale von 1 Bio-Zitrone
ca. 500 g abgetropfte Kichererbsen
Salz, frisch gemahlener Pfeffer

200 g Cocktailtomaten, halbiert
1 TL gemahlener Kreuzkümmel
1 TL gemahlener Ingwer
½ TL gemahlener Koriander
½ TL geräuchertes Paprikapulver
1 weiße Rübe (Navet), gewürfelt
100 g Blattspinat

1. Backofen auf 220 °C vorheizen. 1 EL Öl in einem Topf erhitzen. Zwiebel darin mit Knoblauch, Ingwer und 1 TL Zimt etwa 5 Min. dünsten, bis sie weich sind. Brühe, Zitronensaft, ca. 350 g Kichererb-

SUPPEN FÜR MITTAGS UND ABENDS

Weil es während eines Cleanses morgens schon recht viel gibt – aromatisiertes Wasser, Brühe und ein »Superhero« – ziehen wir mittags eine leichtere Suppe vor und heben uns die herzhafteren, sättigenderen Optionen für den Abend auf. *Aber ist das nicht das Gegenteil von dem, was sonst empfohlen wird – abends eine schwerere Mahlzeit als am Nachmittag?* Nein, überhaupt nicht. Selbst unsere kräftigsten Suppen sind immer noch eine sehr leichte Mahlzeit. Das bedeutet, dass sie den Verdauungstrakt nicht überfordern und nachts Überstunden machen lassen, wenn er sich eigentlich ausruhen sollte. Sobald Sie den Cleanse hinter sich haben, können Sie jede unserer heißen Suppen zu jeder Tageszeit genießen.

sen sowie Salz und Pfeffer hinzufügen. 10 Min. köcheln lassen. Tomaten unterrühren. Alles noch 5–6 Min. köcheln lassen.

2. In einem Schälchen Kreuzkümmel, Ingwer, 1 TL Salz, ¾ TL Pfeffer, Koriander, Paprikapulver und ½ TL Zimt mischen. In einer größeren Schüssel 1 EL Olivenöl mit 1 EL Gewürzmischung verrühren. Rüben hinzufügen und alles mischen. (Schüssel nicht abwaschen, sie wird noch gebraucht!).

3. Ein Backblech mit Backpapier belegen; Rüben darauf ausbreiten. Im Ofen 10 Min. rösten. In der Rüben-Schüssel die restlichen

Kichererbsen mit 1 ½ TL Olivenöl und 1 EL Gewürzmischung mischen. Zu den Rübenwürfeln aufs Blech geben. Alles weitere 10 Min. rösten.

4. Kurz vor dem Servieren den Spinat in die Suppe rühren und in 2 Min. zusammenfallen lassen. Die Suppe eventuell mit Salz und Pfeffer nachwürzen. Rüben-Kichererbsen-Mischung daraufgeben und die Suppe servieren.

5. Was von der Gewürzmischung übrig ist, luftdicht verpacken und bis zu 4 Wochen aufbewahren.

KÜRBISSUPPE MIT MISO

Miso, Kombu und Shiitakepilze werden seit Jahrhunderten als Heilmittel eingesetzt, weil sie Krankheiten und Infektionen bekämpfen können. Zusammen mit ballaststoffreichem Hokkaidokürbis und entzündungshemmender Ingwerwurzel bieten sie Nährstoffe, die Kreislauf, Atemwegen und Immunsystem unterstützen. Diese Suppe gibt es bei uns immer wieder. Die Zubereitung braucht etwas Zeit, aber die ist gut investiert! Genießen Sie die Suppe als kräftigeres Mittag- oder Abendessen.

Nehmen Sie Miso-Paste mit lebenden Enzymen (gibt's im Asia-Markt im Kühlregal), damit Ihnen die gesundheitlichen Vorteile zugute kommen.

Für 6 Portionen
Cleanse-Portionsgröße: 500 ml
Zubereitungszeit: 30 Min.
Garzeit: 2 ½ –3 Std.

Fruchtfleisch von 1 Hokkaidokürbis, in Spalten geschnitten
1 Stück Kombu (5–10 cm; getrockneter Seetang)
50 g Shiitakepilze, Hüte in 5 mm dicke Scheiben geschnitten
3 TL salzreduzierte Tamari
1 EL geriebener Ingwer
1 EL Kokoszucker
2 EL Miso-Paste (weiß oder gelb)

1. Den Backofen auf 180 °C vorheizen. Kürbisspalten in Alufolie gewickelt im Ofen in ca. 40 Min. weich garen (nicht verbrennen). Herausnehmen und beiseitelegen.

2. Für eine Kombu-Brühe knapp 1 l Wasser in einem kleinen Topf erhitzen. Sobald es köchelt, Kombu hineingeben. Die Brühe 1 Std. köcheln lassen. Vom Herd nehmen und in einen Messbecher sieben. Falls nötig, die Brühe mit Wasser auf knapp 1 l auffüllen.

3. Die Pilze mit Tamari und 60 ml Wasser in einem Topf 1 Std. garen. Evtl. mehr Wasser zugeben, damit die Pilze nicht anbrennen.

4. Kürbis mit Kombu-Brühe, Ingwer, Kokoszucker und Miso-Paste im Mixer in 1–2 Min. pürieren. Die abgekühlten Pilze unterheben. Suppe sofort essen oder in Gläser füllen und kalt stellen.

ROTE-LINSEN-SUPPE MIT GERÖSTETEN ZWIEBELN

Die ballaststoffreichen roten Linsen unterstützen die Herzgesundheit, senken den Cholesterinspiegel, liefern pflanzliches Eiweiß, stabilisieren den Blutzucker und enthalten viel Eisen und B-Vitamine. Zu ihrer erdigen Note passen geröstete Zwiebeln mit süßlicher Note hervorragend. Diese Suppe wird Ihnen behutsam den Magen wärmen und Sie eine Weile sättigen.

Für 4–6 Portionen
Cleanse-Portionsgröße: 500 ml
Vorbereitungszeit: 25 Min.
Garzeit: 30 Min.

2 EL Olivenöl
3 Schalotten, gewürfelt
4 Knoblauchzehen, gehackt
3 Möhren, gewürfelt
½ TL gemahlene Kurkuma
½ TL gemahlener Zimt
2 Gelbe Beten, gewürfelt
1,5 l Brühe aus Röstgemüse (Seite 162)
250 g rote Linsen, Salz
frisch gemahlener Pfeffer
1 Zwiebel, in dünnen Ringen
Samen von 10 Kardamomkapseln, fein zerstoßen
½ TL gemahlener Koriander

1. In einem Topf 1 EL Olivenöl erhitzen. Schalotten darin mit Knoblauch, Möhren, Kurkuma und Zimt 3–5 Min. weich dünsten. Beten und Brühe hinzufügen. Alles aufkochen lassen, Linsen zugeben, salzen, pfeffern und 15–20 Min. köcheln lassen, bis das Gemüse weich ist.

2. Restliches Öl in einem Topf erhitzen. Zwiebelringe mit Kardamom und Koriander darin anbraten. Falls die Zwiebeln ansetzen, etwas Wasser hinzufügen und ca. 10 Min. weiterbraten, bis sie goldbraun sind. Salzen und pfeffern.

3. Die Suppe auf Bowls oder Teller verteilen. Jede Portion mit 1 EL gerösteten Zwiebeln krönen.

SUPPE AUS GERÖSTETEN PAPRIKASCHOTEN

Alle Paprikaschoten sind gut für Sie. Am allerbesten sind aber die roten. Deshalb haben wir eine köstliche Suppe nur mit diesen Schoten entwickelt. Sie enthalten viel Provitamin A, Vitamin C, Vitamin B_6 sowie Magnesium und sind deshalb eine gute Quelle für Antioxidanzien. Und dank Lycopin, wirken die schönen Roten möglicherweise krebsvorbeugend. Die Suppe eignet sich als Mittags- oder Abendmahlzeit, pur oder mit veganen Parmesanbröseln.

Für 4–6 Portionen
Cleanse-Portionsgröße: 500 ml
Vorbereitungszeit: 25 Min.
Garzeit: 1 Std.

6 rote Paprikaschoten, halbiert
1 EL Olivenöl, mehr zum Rösten
2 Knoblauchzehen, grob gehackt
2 Schalotten, grob gewürfelt
1 l Brühe aus Röstgemüse (Seite 162)
¼ TL Chiliflocken
je 1 EL Balsamico- und Rotweinessig
Salz, frisch geschroteter Pfeffer
500 ml Mandelmilch (Seite 168)
12–15 Basilikumblätter, in Streifen

1. Backofengrill vorheizen. Ein Backblech mit Backpapier belegen. Paprikahälften mit den Schnittflächen nach unten darauflegen, dünn mit Öl bestreichen. 15–20 Min. grillen, bis sie angekohlt und weich sind.

2. Die Schoten in einer zugedeckten Schüssel 5 Min. nachdämpfen lassen. Danach etwas abkühlen lassen und häuten – die Haut sollte sich ganz leicht abziehen lassen.

3. Knoblauch und Schalotten in Öl 2 Min. dünsten. Mit den Paprika in den Mixer geben. 250 ml Brühe zugießen und alles 1–2 Min. pürieren. Püree in den Topf geben und die restliche Brühe (750 ml) zugießen. 15 Min. köcheln lassen.

4. Chiliflocken, Essige, Salz, Pfeffer und Mandelmilch unterrühren. Die Suppe weitere 15 Min. köcheln – nicht kochen lassen, sonst gerinnt die Mandelmilch. Nochmal abschmecken. Basilikumblätter unterrühren. Servieren.

SUPPE AUS GERÖSTETEM KÜRBIS

Vermutlich beugt der Verzehr von ballaststoffreichem Kürbis Herzerkrankungen, Bluthochdruck, Diabetes und bestimmten Krebsarten vor. Hier sorgt das Fruchtfleisch für eine wunderbare Konsistenz. Wird es zuerst geröstet, entsteht ein volleres, intensiveres Aroma.

Für 4–6 Portionen
Cleanse-Portionsgröße: 500 ml
Vorbereitungszeit: 15 Min.
Garzeit: 50 Min.

1 großer Butternusskürbis (ca. 1 kg), halbiert und geputzt
1 kleiner Eichelkürbis (ca. 500 g), halbiert und geputzt
1 EL Olivenöl
2 TL Salz, 1 TL gemahlener Pfeffer
3 Knoblauchzehen, geschält
2 Schalotten, geschält
125 ml Mandelmilch (Seite 168)
1 l Brühe aus Röstgemüse (Seite 162)
1 EL getrockneter Thymian

1. Den Backofen auf 180 °C vorheizen und ein Backblech mit Backpapier belegen. Die Schnittflächen der Kürbishälften sehr dünn mit Olivenöl bepinseln. Mit 1 TL Salz und ½ TL Pfeffer würzen.

2. Die Kürbishälften mit den Schnittflächen nach unten auf das Backblech legen und im heißen Ofen 20 Min. rösten, bis das Fruchtfleisch weich ist. Herausnehmen und etwas abkühlen lassen.

3. Das Fruchtfleisch aus den Schalen schaben und in den Mixer geben. Knoblauch, Schalotten und Mandelmilch hinzufügen und alles in 1–2 Min. glatt pürieren.

4. Das Püree mit der Brühe in einen Topf geben. Aufkochen, dann bei schwacher Hitze 15 Min. köcheln lassen. Thymian, restliches Salz und übrigen Pfeffer hinzufügen und die Suppe noch etwa 10 Min. weiterköcheln lassen. Auf Bowls oder tiefe Teller verteilen und sofort servieren.

AUBERGINEN-LINSEN-SUPPE

Um das gesamte Gemüsespektrum abzudecken, widmen wir diese Suppe der Aubergine. Ihr wird nachgesagt, dass sie Haut und Haaren guttut und bei Behandlung und Vorbeugung bestimmter Krebsarten nützlich sein kann.

Für 4–6 Portionen
Cleanse-Portionsgröße: 350 ml
Einweichzeit: 4 Std
Vorbereitungszeit: 15 Min.
Garzeit: 1 Std. 30 Min.

200 g grüne Linsen (andere Sorten eignen sich genauso)
2 EL Olivenöl
1 Aubergine, längs geviertelt
500 g Eiertomaten
1 große Zwiebel, geviertelt
1 TL Salz, mehr nach Geschmack
½ TL frisch geschroteter Pfeffer, mehr nach Geschmack
1 frische rote Chilischote
Rosmarin: 1 Zweig und 2 TL gehackt
1,5 l Brühe aus Röstgemüse (Seite 162)
2 TL gehackter Thymian
1 Lorbeerblatt
3 Möhren, klein geschnitten
6 Knoblauchzehen, in Scheiben geschnitten
1 Bio-Zitrone
1 Handvoll Petersilie, gehackt

1. Die Linsen mit kaltem Wasser bedeckt 4 Std. einweichen. Danach abgießen, abspülen und abtropfen lassen.

2. Den Backofen auf 180 °C vorheizen. Zwei Backbleche mit Öl bepinseln. Auberginenviertel mit ca. 1 EL Öl bestreichen und mit den Schalenseiten nach oben auf ein Blech legen. Im Ofen 20–30 Min. rösten. Tomaten und Zwiebel auf das zweite Blech legen. Mit 1 EL Öl mischen, salzen und pfeffern. Ebenfalls 20–30 Min. rösten, bis sie zu bräunen beginnen.

3. Die abgetropften Linsen in einen Topf geben und 2–3 cm hoch mit Wasser bedecken. Chili, Rosmarinzweig und 1 Prise Salz hinzufügen. Zuerst 10 Min. sprudelnd kochen, dann 15–25 Min. köcheln lassen, bis die Linsen weich sind. Lauwarm abkühlen lassen.

MINESTRONE

Das italienische Traditionsgericht – das wörtlich übersetzt »dicke Suppe« heißt – haben wir mit Unmengen von Gemüse, Bohnen und Pasta angereichert. Außerdem verwenden wir Würzmittel, die ursprünglich eher nicht in eine Minestrone gehören. Beispielsweise nussig schmeckende Hefeflocken, die B-Vitamine, Mineralstoffe und alle wichtigen Aminosäuren liefern.

Für 4–6 Portionen, Cleanse-Portionsgröße: 350 ml
1 EL Olivenöl in einem Topf erhitzen. 5 gehackte Knoblauchzehen, 1 gewürfelte Zwiebel, 2 gewürfelte Stangen Sellerie darin mit 2 TL getrocknetem Oregano und je 1 TL getrocknetem Basilikum und Fenchelsamen dünsten. 400 g gehackte Tomaten (Konserve), 1 l Gemüsebrühe und 1 Chilischote unterrühren. Aufkochen lassen. Mit 2 EL Balsamico-Essig, Salz und Pfeffer würzen, alles 20 Min. köcheln lassen. Danach 200 g kleine Champignons unterrühren; erneut aufkochen lassen.
Nun 2 in Stücke geschnittene Zucchini, ca. 300 g abgetropfte weiße Bohnen (Konserve), 100 g in Streifen geschnittenen Schwarzkohl, 150 g glutenfreie Pasta und 1 EL Hefeflocken in den Topf geben und die Suppe 5–10 Min. köcheln lassen, bis Pasta und Zucchini weich sind. 2 EL gehackte Petersilie untermischen. Die Suppe abschmecken.

4. Inzwischen Aubergine, Tomaten und Zwiebel grob zerkleinern. Sollte sich auf den Blechen noch Bratsatz befinden, diesen mit etwas Wasser ablöschen und mit einem Kochlöffel losschaben – er steuert tolles Aroma bei!

5. Gemüse und Bratsatz mit Brühe, gehacktem Rosmarin, Thymian, Lorbeer, Möhren und Knoblauch in einen zweiten Topf geben. Das Ganze salzen, pfeffern, aufkochen und 20 Min. köcheln lassen.

6. Chili und Rosmarinzweig aus den Linsen entfernen. Die Gemüse-Brühe-Mischung sowie Saft und Schale der Zitrone zu den Linsen geben. Die Suppe noch 15 Min. köcheln lassen; abschmecken. Petersilie hinzufügen und servieren.

LEICHTE ERBSENSUPPE

Wenn Sie gern Erbsensuppe essen, werden Sie von dieser veganen, speck-freien Variante begeistert sein. Sie ist reich an Phytonährstoffen, und Studien weisen darauf hin, dass grüne Erbsen bei regelmäßigem Verzehr vor Magen-krebs schützen könnten. Diese Hülsenfrüchte wirken antioxidativ und entzün-dungshemmend, helfen, den Blutzucker stabil zu halten und liefern reichlich Ballaststoffe, Omega-3- und Omega-6-Fettsäuren sowie Vitamin E. Dran denken: Die Erbsen vor der Verwendung ein paar Stunden einweichen.

Für 6–8 Portionen
Cleanse-Portionsgröße: 250 ml
(mittags) oder 350 ml (abends)
Eiweich- und Vorbereitungszeit:
4 Std. 15 Min.; Garzeit: 1 Std.

400 g grüne Spalterbsen
1 EL Olivenöl
2 Zwiebeln, gewürfelt
4 Knoblauchzehen, gehackt
1,5 l Brühe aus Rostgemüse (Seite 162)
500 g Möhren, grob zerkleinert
2 Stangen Staudensellerie, grob zerkleinert
¾ TL getrockneter Oregano
5 Basilikumblätter
½ TL gemahlener Kreuzkümmel
¾ TL frisch geschroteter Pfeffer
2 EL Schnittlauchröllchen

1. Die Erbsen für 4 Std. einweichen, anschließend abgießen, abspülen und abtropfen lassen.

2. Das Öl in einem großen Topf bei schwacher Hitze heiß werden las-sen. Die Zwiebelwürfel darin 5 Min. glasig dünsten, Knoblauch hinzufü-gen und 2 Min. mitdünsten.

3. Brühe, Erbsen, Möhren, Sellerie, Oregano, Basilikum, Kreuzküm-mel und Pfeffer dazugeben. Alles aufkochen, dann zugedeckt bei schwacher Hitze ca. 50 Min. kö-cheln lassen.

4. Die Suppe in den Mixer geben und glatt pürieren; falls nötig, mit etwas Wasser oder Brühe ver-dünnen. Mit Schnittlauchröllchen garnieren und servieren.

SCHWARZE-BOHNEN-SUPPE

Veganer und Vegetarier schätzen schwarze Bohnen schon seit langem – schließlich enthalten sie wertvolles Protein sowie reichlich Ballaststoffe, Antioxidanzien und viele wichtige Mikronährstoffe. Wir finden deshalb, dass sie jeder essen sollte. Diese Suppe ist kräftig und herzhaft, Chipotle-Chilischoten verleihen ihr einen ganz besonderen Kick.

Für 4–6 Portionen
Cleanse-Prtionsgröße: 500 ml
Vorbereitungszeit: 10 Min.
Garzeit: 30 Min.

2 EL Olivenöl
1 große Zwiebel, gewürfelt
6 Knoblauchzehen, gehackt
400 ml gehackte Tomaten (Glas)
2 Chipotle-Chilischoten in Adobo-Sauce (Glas; erhältlich in der Tex-Mex-Abteilung des Supermarkts), halbiert, die Sauce aufbewahrt
1 l Brühe aus Röstgemüse (Seite 162)
2 EL Rotweinessig
1 EL frisch gepresster Limettensaft
1 TL Salz
¾ TL frisch geschroteter Pfeffer
600 g schwarze Bohnen aus dem Glas, abgespült und abgetropft
2 Handvoll Petersilie, grob gehackt
1 kleine Handvoll Koriandergrün, grob gehackt
1 Limette, in Spalten geschnitten

1. Das Öl in einem Topf erhitzen. Die Zwiebelwürfel darin mit dem Knoblauch in etwa 5 Min. glasig und weich dünsten.

2. Tomaten und Chipotles mit der Zwiebel-Knoblauch-Mischung in den Mixer geben und in 1–2 Min. glatt pürieren.

3. Die Mischung in den Topf geben. Brühe und Adobo-Sauce dazugießen. Aufkochen und 15 Min. köcheln lassen. Essig, Limettensaft, Salz und Pfeffer hinzufügen. Die schwarzen Bohnen dazugeben und die Suppe weitere 10 Min. köcheln lassen.

4. Die Petersilie untermischen. Die Suppe mit Salz, Pfeffer und eventuell noch etwas Essig abschmecken, mit Koriandergrün garnieren und mit Limettenspalten servieren.

WEISSE-BOHNEN-SUPPE

Weiße Bohnen enthalten eine Menge Ballaststoffe und liefern reichlich Eiweiß, Folsäure, Vitamin B_1 und viele Mineralstoffe, darunter Kupfer, Phosphor und Eisen. Diese Mineralstoffe können dazu beitragen den Blutzucker stabil und das Herz gesund zu erhalten. Vitamin B_1 ist gut fürs Gedächtnis. Wenn man die Bohnen in der Suppe mitgart, werden sie weich und cremig.

Für 4–6 Portionen
Cleanse-Portionsgröße: 500 ml
Vorbereitungszeit: 20 Min.
Garzeit: 40 Min.

3 EL Koriandersamen
1 EL Olivenöl
1 rote Zwiebel, fein gewürfelt
5 Knoblauchzehen, zerdrückt
2 Stangen Staudensellerie, schräg in
1 cm lange Stücke geschnitten
1,5 l Hühnerbrühe oder Brühe aus
Röstgemüse (Seite 158 oder 162)
600 g weiße Bohnen aus dem Glas,
abgespült und abgetropft
2 Möhren, in Streifchen geschnitten
200 g Cocktailtomaten, halbiert
1 TL Salz
¾ TL frisch geschroteter Pfeffer
1 Handvoll Petersilie, grob gehackt
1 Handvoll Basilikumblätter, in Streifen geschnitten
abgeriebene Schale von 1 Bio-Zitrone
vegane Parmesanbrösel (Seite 152)

1. Koriandersamen in einer kleinen Pfanne 2–3 Min. rösten, bis sie aromatisch duften. Anschließend im Mörser fein zerstoßen (oder auf einer Arbeitsfläche mit einem Topfboden zerdrücken).

2. Öl in einem Topf erhitzen. Zwiebelwürfel mit Koriander, Knoblauch und Sellerie darin in ca. 3 Min. glasig dünsten. Brühe dazugießen. Alles 15 Min. köcheln lassen.

3. Bohnen in den Topf geben. Die Suppe weitere 10 Min. köcheln lassen. Nun Möhren, Tomaten, Salz und Pfeffer zugeben und alles noch 10 Min. köcheln lassen. Petersilie, Basilikum und Zitronenschale unterrühren. Die Suppe auf Bowls oder tiefe Teller verteilen, mit veganen Parmesanbröseln garnieren und servieren.

CREMIGE MÖHREN-INGWER-SUPPE

Wussten Sie, dass Möhren eine Substanz namens Falcarinol enthalten, die möglicherweise das Krebsrisiko senken und Krebstherapien unterstützen kann? Außerdem verlangsamen Möhren den Alterungsprozess und sorgen dank Betakarotin dafür, dass die Haut strahlt und gesünder aussieht. Wie dem auch sei – wir mögen diese Suppe vor allem, weil sie so gut schmeckt. Wenn Sie sie als Cleanse-Mahlzeit genießen wollen, wählen Sie als Nachmittags-Snack eine Brühe statt eine Suppe auf Obstbasis.

Für 6 Portionen
Cleanse-Portionsgröße: 350 ml
Vorbereitungszeit: 15 Min.
Garzeit: 1 Std. 10 Min.

3 EL Olivenöl
2 große Zwiebeln, gewürfelt
1 TL frisch geschroteter Pfeffer
10 große Bio-Möhren, in 1 cm große Stücke geschnitten
1,5 l Hühnerbrühe (Seite 158) oder Brühe aus Röstgemüse (Seite 162)
1 Stück Ingwerwurzel (2,5 cm), geschält und gerieben
250 ml frisch gepresster Orangensaft
Salz

1. Öl in einem Topf erhitzen. Zwiebeln hineingeben und zugedeckt bei schwacher Hitze in ca. 20 Min. weich dünsten. Den geschroteten Pfeffer unterrühren.

2. Möhren und Brühe in den Topf geben. Alles aufkochen lassen. Den Ingwer hinzufügen. Das Ganze 25–30 Min. köcheln lassen, bis die Möhren sehr weich sind.

3. Die Mischung in den Mixer geben. Den Saft dazugießen und die Suppe in 1–2 Min. sehr glatt pürieren. Mit Salz abschmecken.

4. Die Suppe nach Belieben zurück in den Topf gießen, aufwärmen und gleich genießen. Oder in ein Glasgefäß füllen und bis zu 3 Tage im Kühlschrank aufbewahren.

AUBERGINEN MIT TOMATEN-SUPPE UND »PARMESAN«

Auberginen sind reich an Kalium, was für die Funktionsfähigkeit aller Zellen notwendig ist. Vor allem Muskeln und Nerven sind auf diesen Mineralstoff angewiesen. Außerdem liefern die sogenannten Eierfrüchte reichlich Ballaststoffe und B-Vitamine, wenn man die Schale dranlässt.

Für 4 Portionen
Cleanse-Portionsgröße: 175 ml
Vorbereitungszeit: 1 Std.
Garzeit: 40 Min.

2 Auberginen, quer in ca. 1 cm dicken Scheiben
2 Eier (M)
150 g glutenfreie Weißbrotbrösel (aus frischem Brot oder Panko)
2–3 EL Olivenöl
750 ml Cremige Tomaten-Basilikum-Suppe (siehe rechts)
1 TL gehackter Oregano
100 g vegane Parmesan-Brösel (Seite 194) oder veganer Parmesan (Fertigprodukt)
½ TL frisch gemahlener Pfeffer
250 g Babyspinatblätter zum Servieren und 1 EL Olivenöl
1 EL gehackte glatte Petersilie

1. Backofen auf 200 °C vorheizen. Eier in einem tiefen Teller verquirlen. Brotbrösel in einen zweiten tiefen Teller geben. Jede Auberginenscheibe erst im Ei, dann in den Bröseln wenden und auf ein Backblech legen. Ein zweites Blech dünn mit Öl fetten.

2. Auberginenscheiben in 1 EL Olivenöl auf jeder Seite in etwa 2 Min. goldbraun braten. Evtl. noch Öl hinzugeben.

3. Die Auberginenscheiben nebeneinander auf das gefettete Blech legen. 500 ml Tomaten-Basilikum-Suppe darauf verteilen. Mit Oregano und veganem Parmesan bestreuen. Alles im heißen Ofen 30 Min. backen. Die restliche Suppe in einem kleinen Topf erwärmen.

4. Kurz vorm Servieren 1 EL Olivenöl in einem Topf erhitzen. Spinat für 30 bis 60 Sekunden darin wenden – er soll nicht zusammenfallen, dann auf einer Servierplatte verteilen. Die Auberginenscheiben (Saucenseiten nach oben) darauf anrichten. Mit etwas Tomaten- suppe beträufeln, mit Petersilie bestreuen und servieren. Die restliche Suppe dazu reichen.

5. Idee: Statt auf Spinat die Auber-ginen auf 500 g glutenfreien Linguine anrichten. Dann hat das Gericht allerdings mehr Kalorien.

CREMIGE TOMATEN-BASILIKUM-SUPPE

Mit dieser Suppe hat alles angefangen! Sie ist das Ergebnis von Angelas Suche nach einer Tomaten-Basilikum-Suppe, die cremig (aber frei von Milchprodukten) und köstlich (aber frei von künstlichen Aromastoffen und viel zu viel Salz) sein sollte.

Für 6 Portionen, Cleanse-Portionsgröße: 500 ml
500 g Tomatenstücke in einem Sieb abtropfen lassen (Saft auffangen). Tomaten auf ein Backblech legen, mit 1 EL Olivenöl beträufeln, salzen, pfeffern und im 200 °C heißen Ofen ca. 35 Min. rösten. Sie dürfen nicht zu dunkel werden! Inzwischen 1 EL Olivenöl in einem Topf erhitzen. 1 gewürfelte Zwiebel darin glasig dünsten. 1 gehackte Knoblauchzehe kurz mitdünsten. 500 ml Brühe aus Röstgemüse mit je 1 grob zerkleinerten Möhre und Selleriestange sowie 1 Lorbeerblatt, 1 Handvoll Basilikumblätter und dem aufgefangenen Tomatensaft hinzufügen. 15 Min. köcheln lassen. Geröstete Tomaten zugeben, die Suppe noch 15 Min. köcheln lassen. Sehr glatt pürieren. Nochmal erhitzen und servieren.

BLUMENKOHLSUPPE MIT ZITRONENGRAS

Blumenkohl gehört zu einer gesunden Ernährung unbedingt dazu. Deshalb haben wir ihm zu Ehren eine köstliche leichte Suppe entwickelt. Das Wundergemüse soll das Krebsrisiko senken, die Verdauung fördern und das Herz schützen. Die Antioxidanzien und B-Vitamine darin wirken entzündungshemmend. Wir mögen Blumenkohl richtig weich gekocht, weil er dann eine üppig-cremig Konsistenz bekommt.

Ergibt 2–4 Portionen
Cleanse-Portionsgröße: 500 ml
Zubereitungszeit: 10 Min.
Garzeit: 25 Min.

1 Stück Ingwerwurzel (2–3 cm), grob gehackt
4 Knoblauchzehen, grob gehackt
1 Schalotte, grob gewürfelt
1–2 Vogelaugenchilis, halbiert
2 Stängel Zitronengras, die oberen inneren Teile in 7 cm lange Stücke geschnitten
1 EL Olivenöl
1,5 l Hühnerbrühe (Seite 158 oder Brühe aus Röstgemüse (Seite 162)
2 frische Kaffirlimettenblätter, in Stücke gezupft

1 Blumenkohl (ca. 700 g), vom Strunk befreit und in kleine Röschen zerteilt
150 g Cocktailtomaten, halbiert
1 TL frisch gepresster Limettensaft
1 TL Kokoszucker, mehr nach Geschmack
8 Thaibasilikumblätter, in Streifen geschnitten
Salz
frisch gemahlener Pfeffer

1. Ingwer, Knoblauch, Schalotte, Chilis und Zitronengras in Küchenmaschine oder Mixer geben und in Intervallen grob zerkleinern. Nicht zu lange mixen, sonst könnte der Motor schlapp machen.

2. In einem großen Topf das Olivenöl erhitzen. Die Ingwer-Gewürzmischung hineingeben und bei mittlerer Hitze unter ständigem Rühren dünsten, bis sie aromatisch duftet. Nicht bräunen lassen.

3. Die Brühe dazugießen und alles zum Kochen bringen. Die Limettenblätter hineingeben und die Brühe bei schwacher Hitze ca. 15 Min. köcheln lassen.

4. Anschließend durch ein feines Sieb in einen zweiten Topf gießen, die Ingwer-Gewürzpaste im Sieb gut ausdrücken. Brühe aufkochen lassen. Blumenkohl und Tomaten hineingeben. Die Brühe etwa 5 Min. köcheln lassen, bis das Gemüse weich ist.

5. Limettensaft, 1 TL Kokoszucker und das Thaibasilikum hinzufügen. Die Suppe mit Salz, Pfeffer und evtl. Kokoszucker abschmecken.

BRÜHEN

Wir haben uns auf Großmutters Hausmittel besonnen und daraus eine noch wirkungsvollere Arznei entwickelt. Grundsätzlich ist die Herstellung von Knochenbrühe recht simpel: Man kocht die Knochen eines Wirbeltiers (fast jedes eignet sich dafür, typischerweise nimmt man Rind, Geflügel, Lamm oder Fisch) mit Gemüse und Kräutern lange in Wasser aus (unsere Brühen köcheln zwischen 4 und 6 Stunden).

Die guten Eigenschaften von Knochenbrühen sind vielfältig. Sie enthalten reichlich Glycosaminoglykane (GAG), die gut für Knochen, Haare, Haut und Nägel sind, sowie Gelatine, die eine heilende Wirkung auf Magen- und Darmschleimhaut hat, Entzündungen lindert, die Hautgesundheit unterstützt und sogar bei Cellulite helfen soll.

Dank all dieser Vorzüge bauen die Brühen den Körper während langfristiger Heilphasen – etwa nach Operationen und nach stark symptomatischen Erkrankungen – erfolgreich wieder auf, ohne ihn mit der Verdauung fester Stoffe zu stressen.

Wir empfehlen der Gesundheit zuliebe täglich Brühen zu trinken. Es hat berechtigte Gründe, dass man Knochenbrühe als Zaubertrank der Natur bezeichnet. Trinken Sie Brühe in kleinen Schlucken als Start in den Tag oder geben Sie, für ein spektakuläres Mittag- oder Abendessen, Ihre eigenen magischen Zutaten hinein.

HÜHNERBRÜHE

Auf eine heiße Hühnerbrühe als Heilmittel bei einer Erkältung schwören viele Menschen auf der ganzen Welt. Ob sie nun tatsächlich heilt, konnten Wissenschaftler noch nicht überzeugend klären. Feststeht, dass sie bei einer Erkältung gut tut und schleimlösend wirkt. Außerdem haben Studien gezeigt, dass sie Gelenkschmerzen und Entzündungen lindern und gleichzeitig Haare, Haut, Knochen und Nägel regenerieren kann. Das ist doch was.

Ergibt ca. 2 l
Cleanse-Portionsgröße: 350 ml
Vorbereitungszeit: 45 Min.
Garzeit: 4–6 Std.

700 g Hähnchenkarkassen und -flügel
1–2 EL Balsamico-Essig
½ Zwiebel, grob gewürfelt
½ kleine Fenchelknolle, gewürfelt (Stängel und Fenchelgrün mitverwenden)
1 kleine Möhre, gewürfelt
1 Stange Staudensellerie, gewürfelt
1 EL Olivenöl
1 TL Salz
1 Bund Petersilie
1 Stück Kombu (2,5 cm; getrockneter Seetang)

1. Karkassen und Flügel in einen großen Topf geben und mit 2,25 l Wasser bedecken. Essig hinzufügen und die Flüssigkeit zum Kochen bringen. Währenddessen Zwiebel, Fenchel, Möhre und Sellerie im heißen Öl 5 Min. dünsten. Sobald das Wasser kocht, die Zwiebelmischung mit Salz, Petersilie und Kombu zu Karkassen und Flügeln geben.

2. Das Ganze im halb geschlossenen Topf 4 bis 6 Stunden (ein)köcheln lassen. Anschließend die Brühe durch ein Sieb in einen zweiten Topf gießen. Die festen Bestandteile wegwerfen.

3. Die Brühe über Nacht kalt stellen. Am nächsten Tag so viel vom erstarrten Fett abheben, wie Sie mögen.

4. Die Brühe nach Belieben portionieren, im Kühlschrank aufbewahren und innerhalb von 5 Tagen verbrauchen. Alternativ können Sie die Brühe auf geeignete Behälter verteilen und für bis zu 3 Monate einfrieren. Bedenken Sie: Brühe immer vollständig abkühlen lassen, bevor sie in den Kühlschrank gestellt oder eingefroren wird.

MISO-POWER

Wenn Sie Ihre morgendliche Brühe mit etwas Miso-Paste anreichern, mogeln Sie all das Gute hinein, was dieses unglaubliche Superfood zu bieten hat. Wie bereits gesagt: Miso ist fermentierte Sojabohnenpaste. Im Gegensatz zu hochverarbeiteten Sojabohnen und deren negativen Auswirkungen auf die Gesundheit, hat die reine Paste aus Sojabohnen – insbesondere die fermentierte – gesundheitsfördernde Eigenschaften, wenn sie in kleinen Mengen gegessen wird. So baut sie u. a. die Darmflora wieder auf, verbessert die Qualität von Blut und Lymphe, verringert das Brust-, Prostata-, Lungen- und Darmkrebsrisiko, schützt vor freien Radikalen und Strahlung, energetisiert den Körper und regt die Bildung von Magensäure an (was früh am Morgen besonders wichtig ist).

Um die volle Kraft von Miso nutzen zu können, brauchen Sie eine Sorte mit lebenden Enzymen bzw. eine nicht pasteurisierte Miso-Paste. Die finden Sie im Bio-Laden im Kühlregal oder in einem guten Asia-Laden Um Ihre Brühen damit aufzuwerten, rühren Sie einfach pro 750 ml Flüssigkeit 1 TL Paste hinein und lassen die Brühe 10 Min. köcheln. Stellen Sie sicher, dass die Brühe nicht kocht: Starke Hitze tötet die lebenden Enzyme der Miso-Paste.

DIE REICHHALTIGSTE ALLER RINDERBRÜHEN

Diese wohltuende Brühe spüren Sie bis in Ihre Knochen. Die enthaltenen Mineralstoffe unterstützen das Immunsystem, während Bestandteile wie Kollagen sowie die Aminosäuren Prolin, Glycin und Glutamin entgiften, nähren und beruhigen. Rinderbrühe wird schon seit Jahrhunderten als Medizin eingesetzt. Heilkundige empfehlen sie zur Linderung von Gelenkschmerzen und arthritischen Beschwerden. Dazu bietet sie noch eine gute Dosis Kollagen, das Haut und Haar schöner macht.

Ergibt ca. 4 l
Cleanse-Portionsgröße: 350 ml
Vorbereitungszeit: 1 Std. 30 Min.
Garzeit: 1–3 Tage

1,5 kg Mark- und Fleischknochen vom Rind
500 g Rindfleisch (z. B. flache Schulter), gewürfelt
3 große Möhren, längs halbiert
2 Zwiebeln, geviertelt
1 Lauchstange (nur der helle Teil), längs halbiert und gewaschen
3 Stangen Staudensellerie, halbiert
5 Knoblauchzehen, halbiert
2 EL schwarze Pfefferkörner
2 EL Apfelessig
2 Lorbeerblätter
Rotwein (nach Belieben)

1. Den Backofen auf 180 °C vorheizen. Knochen, Fleisch, Möhren, Zwiebeln, Lauch, Sellerie und Knoblauch auf ein Backblech legen und im heißen Ofen etwa 60–75 Min. rösten, bis alles kräftig gebräunt, aber noch nicht verbrannt ist (siehe Abb. linke Seite).

2. Die gerösteten Zutaten vom Blech in einen großen Topf geben – den Bratensatz mit 1 Schuss Wasser oder Rotwein ablöschen und ebenfalls dazugeben. 6 l kaltes Wasser sowie Pfefferkörner, Apfelessig und Lorbeerblätter zufügen.

3. Alles aufkochen lassen, dann zudecken und mindestens 1 Tag bzw. 24 Std. oder bis zu 3 Tage bei sehr schwacher Hitze köcheln lassen (siehe Abb. rechts). Je länger die Brühe köchelt, desto aromatischer wird sie. Falls die Flüssigkeit Gemüse, Fleisch und Knochen nicht mehr ganz bedeckt, etwas Wasser dazugießen.

4. Die Brühe durch ein Sieb in einen zweiten Topf gießen Die festen Bestandteile wegwerfen. Die Brühe abkühlen lassen, anschließend nach Belieben portionieren, in den Kühlschrank stellen und innerhalb von 5 Tagen verbrauchen oder in geeigneten Behältern für bis zu 3 Monate einfrieren.

BRÜHE AUS RÖSTGEMÜSE

An sich ist dies ja keine Knochenbrühe, aber sie ist trotzdem sehr heilsam und eine gute Alternative für alle, die kein Fleisch essen. Diese mineralstoffreiche Gemüsebrühe wirkt stark alkalisierend, weil sie viele neutralisierende Mineralstoffe und Elektrolyte liefert. Aber sie ist auch die köstlichste Gemüsebrühe, die wir je probiert haben – und deshalb auch ein Genuss und eine Wohltat für Fleischliebhaber.

Ergibt ca. 2,75 l
Cleanse-Portionsgröße: 350 ml
Vorbereitungszeit: 20 Min.
Garzeit: 2 Std. 15 Min.

4 große Möhren, längs halbiert
2 Stangen Staudensellerie, halbiert
1 Fenchelknolle, gedrittelt
3 große Zwiebeln, in dicken Scheiben
8 Knoblauchzehen
2 Zucchini, halbiert
4 Shiitakepilze, Hüte halbiert
1 große Pastinake, längs halbiert
1–2 EL Olivenöl
1 TL Salz
½ TL schwarze Pfefferkörner
½ TL Chiliflocken
2 Lorbeerblätter
je einige Zweige glatte Petersilie, Oregano und Thymian
1 Blatt Kombu (getrockneter Seetang)

1. Das Gemüse mit dem Olivenöl in einer Schicht auf einem Backblech verteilen und im 200 °C heißen Ofen 30 Min. rösten. Wenden und weitere 30–40 Min. rösten. Es sollte danach kräftig gebräunt, aber noch nicht verbrannt sein.

2. Das Röstgemüse mitsamt der entstandenen Garflüssigkeit in einen großen Topf umfüllen. Den Bratansatz mit einem Schuss Wasser vom Blech lösen und mit 3 l Wasser, Salz, Pfefferkörnern, Chiliflocken und Lorbeerblättern zum Gemüse geben.

3. Die Flüssigkeit aufkochen. Lorbeerblatt, Kräuter und Kombu hineingeben. Die Brühe 1 Std. offen köcheln lassen. Anschließend durch ein Sieb in einen zweiten Topf gießen. Die festen Bestandteile wegwerfen. Brühe abkühlen lassen, dann nach Belieben portionieren, in den Kühlschrank stellen und innerhalb von 5 Tagen verbrauchen oder für bis zu 3 Monate einfrieren.

BRÜHEN-MISCHUNGEN

Unsere Brühen sind nicht nur pur ausgesprochen köstlich, sondern auch die ideale Grundlage für Suppen auf Brühenbasis. Egal ob es Sie nach Fleisch, Gemüse, Scharfem, Süßem oder Deftigem gelüstet – mit einer schlichten Brühe zu beginnen und nach und nach etwas hinzuzufügen ist wohl die einfachste (und gesündeste) Möglichkeit, eine wohltuende, stärkende Suppe zu kreieren. Wir stellen Ihnen einige unserer Lieblings-Kombinationen und -Ergänzungen vor. Aber wir möchten Sie ausdrücklich dazu ermutigen, sich selbst welche auszudenken.

Cleanse-Portionsgröße: 500 ml (verwenden Sie auf keinen Fall Getreide, Hülsenfrüchte oder Kartoffeln)

FRÜHLINGSGRÜN
Knoblauch und Zwiebeln in Olivenöl 3 bis 4 Min. glasig dünsten. Frische oder gefrorene Erbsen, grünen Spargel (schräg in 2 bis 3 cm lange Stücke geschnitten) und Lauch (in Ringe geschnitten) hinzufügen und alles zusammen garen, bis das Gemüse gerade bissfest ist. Brühe hinzufügen und köcheln lassen, bis das Gemüse ganz weich ist. Unmittelbar vor dem Servieren eine Handvoll Babyspinat unterrühren und die Suppe mit Salz abschmecken.

FENCHELFRISCH
Fein geschnittenen Fenchel mit dünnen Knoblauchscheiben in Olivenöl 2 bis 4 Min. dünsten, bis er weich ist. Dicke Möhrenscheiben hinzufügen und mitgaren, bis sie gerade bissfest werden. Brühe hinzufügen und köcheln lassen, bis das Gemüse weich ist. Die Suppe mit Salz abschmecken.

CLEAN UND KLASSISCH
Zwiebelwürfel oder -ringe mit gewürfelten oder in Scheiben geschnittenen Möhren und Selleriestangen in köchelnder Brühe weich garen. Die Suppe mit Salz abschmecken.

WAS SONST NOCH IN EINE BRÜHE PASST:

- in Streifen geschnittenes gegartes Hähnchenfleisch
- geröstete Süßkartoffelwürfel; Wurzelgemüse wie Beten, Pastinaken oder Knollensellerie; oder Hokkaido- oder Butternusskürbis
- gegarte Quinoa, Farro (Dinkel) oder glutenfreie Nudeln
- Hülsenfrüchte wie gegarte Linsen, weiße Bohnen oder schwarze Bohnen
- frische Kräuter wie Petersilie, Thymian, Basilikum, Minze, Koriandergrün, Dill oder Rosmarin
- Bio-Tomatenmark
- Miso
- Ingwersaft
- fermentierter Rote-Bete-Saft
- frisch geriebene Kurkuma
- fein gehackte Chilischoten
- rote Thai-Chilipaste
- Chiliöl

KÖSTLICHE TOPPINGS (FÜR KALTE UND HEISSEN SUPPEN):

- Avocadowürfel
- geröstete Pinienkerne
- gehackte geröstete Walnusskerne
- vegane Parmesan-Brösel (Seite 194)
- Sauerkraut
- zerbröselte glutenfreie Cracker
- zerbröckelte Gemüsechips
- getrocknete Dicke-Bohnen-Kerne (Seite 215)

NUSSMILCH-VARIANTEN

Viele Leute meinen, dass bei der Herstellung einer Nussmilch ein echtes Milchprodukt mit im Spiel ist, weil sie so herrlich cremig ist. Aber gerade das ist ja das Schöne an Nussmilch: Alle Sorten sind eine köstliche, reichhaltige Alternative zu Kuhmilch. Und das Einzige, was Sie dafür brauchen, sind Nüsse, Wasser, ein Süßungsmittel Ihrer Wahl und Salz; so wissen Sie genau, was Sie Ihrem Körper zuführen. Leider kann man das bei gekaufter Nuss- oder Mandelmilch nicht so genau wissen – sie steckt oft voller Füllstoffe, Stabilisatoren und Konservierungsmittel.

Wir haben in dieses Buch zwei unserer Lieblingsrezepte für Nussmilch aufgenommen. Nach der folgenden Anleitung können Sie beliebige Varianten herstellen, indem Sie beispielsweise Cashewkerne, Pekan-, Hasel-, Wal-, Para- oder Macadamianüsse verwenden.

EINWEICHEN UND KEIMEN LASSEN

Sie werden feststellen, dass in unseren Rezepten die Nüsse eingeweicht werden. Sie lassen sich dadurch im Mixer leichter zerkleinern und die Milch wird glatt und cremig. Vor allem aber können in dieser Form ihre wertvollen Nährstoffe optimal vom Körper verwertet werden. Frische rohe Nusskerne (im Gegensatz zu solchen, die pasteurisiert oder erhitzt wurden, damit alle Bakterien – die guten wie die schlechten – absterben) sind reich an Enzymen. Diese werden jedoch von Phytinsäure gehemmt, eine Substanz, die natürlicherweise in Nüssen enthalten ist. Dadurch werden Nüsse schwer verdaulich und die Aufnahme von Mineralstoffen, insbesondere Eisen, wird blockiert. Die Natur hat es so vorgesehen – Samen und Nüsse können von Tieren gefressen und im Ganzen wieder ausgeschieden werden, woraufhin sie in der Erde keimen (statt vom Tier verdaut zu werden). Durch Einweichen wird die Phytinsäure abgebaut, die Kerne werden »aktiviert« bzw. der Verdauungsvorgang beginnt. Deshalb muss der Organismus viel weniger Energie für den Verdauungsprozess aufwenden. Gleiches gilt auch für Saaten, Hülsenfrüchte und Getreide, die alle vom Einweichen profitieren.

Unsere Nussmilchrezepte sehen nur das Einweichen vor, weil es einfacher und weniger zeitaufwendig ist als das Keimenlassen, aber dennoch (ernährungstechnisch gesehen) Vorteile bringt. Wenn Sie eine Stufe weiter gehen möchten: Hier ist eine einfache Anleitung für das Keimenlassen.

Ein sterilisiertes 1-Liter-Einmachglas ein Drittel hoch mit Nusskernen, Saaten, Hülsenfrüchten oder Getreidekörnern füllen und diese mit Wasser bedecken. Ein Mulltuch oder einen Nussmilchbeutel auf die Glasöffnung legen und mit Küchengarn oder einem Gummiring befestigen. Die Keimdauer variiert zwischen wenigen Stunden bis zu einigen Tagen; für genauere Angaben gibt es viele Quellen im Internet. Ein paarmal am Tag das Wasser durch den Stoff abgießen. Kerne, Saaten oder Körner abspülen und erneut mit Wasser bedecken. Das Ganze wiederholen, bis die Keimlinge die gewünschte Größe haben. Sie halten sich im Kühlschrank bis zu 5 Tage.

MANDELMILCH

Mandeln senken das Infarktrisiko und den Cholesterinspiegel, schützen die Arterien, sorgen für kräftige Knochen und Zähne, stecken voller gesunder Fettsäuren, helfen beim Abnehmen, unterstützen die Gehirnfunktion, nähren das Nervensystem und alkalisieren den Körper. Und dazu ist Mandelmilch auch noch cremig und köstlich – Sie werden nie wieder Kuhmilch trinken wollen!

Ergibt 750–1000 ml
Cleanse-Portionsgröße: 350 ml
Einweichzeit: 12 Std.
Zubereitungszeit: 10 Min.

150 g Mandelkerne
2 entkernte Datteln (nach Belieben)
1 Prise gemahlener Zimt (nach Belieben)
1 Prise Salz

Die Kerne einweichen. Die Mandelkerne in eine Schüssel geben und 2–3 cm hoch mit Wasser bedecken. Offen über Nacht oder mindestens 12 Std. so stehen lassen. (Je länger sie einweichen, desto cremiger wird die Milch!) Falls es eilt, genügen auch 1–2 Std.

Die Kerne abgießen und spülen. Die Kerne in ein Sieb schütten und unter fließendem kaltem Wasser abspülen (sie sollten sich etwas glibbrig anfühlen).

Mixen. Die Mandelkerne mit 800 ml Wasser in einen leistungsstarken Mixer geben; nach Belieben Datteln und Zimt hinzufügen. Ist die Milch für einen »Superhero« gedacht, weder Datteln noch Zimt verwenden. Auf höchster Stufe etwa 1 Min. mixen. Die Mandeln sollten zu feinem Mehl geworden sein, das Wasser sollte weiß und undurchsichtig sein.

Die Milch absieben. Einen Nussmilchbeutel auf eine große Schüssel setzen und die Mandelmischung hineingießen. Den Beutel behutsam durchkneten, damit die gesamte Milch gewonnen werden kann (das kann ein paar Min. dauern). Wenn die Milch durchgedrückt ist und Sie weitere Milch in den Beutel füllen müssen, vorher die festen Bestandteile aus dem Beutel entfernen und in einer Schüssel beiseitestellen (siehe Anmerkung unten).

Zusätzliche Süßungsmittel/aromatisierende Zutaten. Den Mixbehälter säubern und die durchgedrückte Mandelmilch hineingießen. Wer während eines Cleanses die Mandelmilch pur (also nicht als Basis unse-

res »Superheros«) trinken möchte, kann beispielsweise Erdbeeren hinzufügen und auf niedriger Stufe untermixen. Zum Schluss 1 Min. lang das Salz unterarbeiten. Sie können die Mandelmilch mit Wasser verdünnen, bis die gewünschte Konsistenz erreicht ist.

Kühlen und genießen. Die Milch in ein Glasgefäß gießen und bis zu 3 Tage im Kühlschrank aufbewahren. Vor dem Trinken gut schütteln.

KEIN ABFALL!

Das Fruchtfleisch der Mandeln und Nüsse können Sie auf vielfältige Art verwenden – und sollten es auch tun, schließlich enthält es noch reichlich Nährstoffe der Mandeln und ist reich an Ballaststoffen. Probieren Sie einmal die köstlichen Mandelfruchtfleisch-Makronen (Seite 228) aus oder verwenden Sie es für Kekse, Müslis oder Smoothies. Man kann es auch auf einem Backblech ausbreiten und bei schwacher Hitze (100 °C) ca. 2 ½ Std. im Backofen rösten. Wenn Sie es nicht gleich verarbeiten wollen, frieren Sie das Fruchtfleisch für später ein.

PISTAZIENMILCH

Die grünen Kerne der Pistzien halten das Herz gesund, stärken das Immunsystem und haben eine natürliche Süße, mit der man das plötzliche Verlangen nach Süßem wunderbar stillen kann.

Ergibt 750–1000 ml
Cleanse-Portionsgröße: 350 ml
Einweichzeit: 8–12 Std.
Zubereitungszeit: 10 Min.

150 g Pistazienkerne
1 Vanilleschote, grob zerkleinert
1 Prise Salz, 1 TL gemahlener Kardamom (nach Belieben)

Kerne einweichen. Pistazienkerne 2–3 cm hoch mit Wasser bedecken. Offen 8–12 Std. stehen lassen. (Je länger, desto cremiger wird die Milch!) Falls es eilt, genügen auch 1–2 Std.

Kerne abgießen und spülen. Kerne in einem Sieb unter kaltem Wasser abspülen (sie sollten sich etwas glibbrig anfühlen).

Mixen. Dann mit Vanille und 800 ml Wasser im Mixer auf höchster Stufe ca. 1 Min. mixen, bis die Pistazien so fein gemahlen sind, dass die Flüssigkeit weiß und undurchsichtig ist.

Milch absieben. Einen Nussmilchbeutel auf eine große Schüssel setzen, Pistazienmischung hineingießen. Beutel durchkneten, damit so viel Milch wie möglich gewonnen wird (kann ein paar Min. dauern). Die festen Bestandteile aus dem Beutel nehmen und in einer Schüssel beiseitestellen (siehe Seite 169).

Zum Süßen und Aromatisieren Mixbehälter säubern; abgesiebte Pistazienmilch hineingießen. Wer während eines Cleanses die Pistazienmilch pur (also nicht als Basis des »Superheros«, nächste Seite) trinken möchte, kann z. B. 1 Handvoll Beeren auf niedriger Stufe untermixen. Zum Schluss noch Salz und evtl. Kardamom unterarbeiten. Pistazienmilch nach Belieben mit Wasser verdünnen.

Kühlen und genießen. Die Milch in einem Glasgefäß bis zu 3 Tage im Kühlschrank aufbewahren. Vor dem Trinken gut schütteln.

SUPERHERO

Dieser cremige milchfreie Nussmilch-»Suppen«-Smoothie ist sozusagen ein ernährungswissenschaftliches Meisterstück. Er wartet mit zwölf Zutaten auf, die Ihr Gehirn den ganzen Tag auf Trab halten, sättigt und schmeckt fantastisch. Weil er Trockenobst, Nüsse, Samen und eine gewagte Kombination diverser Superzutaten wie Reishi, Maca und Cordyceps (Seite 67 f.) enthält, ist er ideal als Start in den Tag (nachdem Sie eine wohltuende Knochenbrühe getrunken haben), als belebender Drink nach dem Sport oder einfach als gesunder Ersatz für eine Mahlzeit.

Ergibt 1,5 l
Cleanse-Portionsgröße: 350 ml
Ziehzeit (für den Tee): 40 Min.
Zubereitungszeit: 10 Min.

1 Löwenzahnteebeutel
500 ml Mandelmilch (Seite 168)
125 ml Kokosmilch
7 TL Agavendicksaft
50 g Walnusskerne
3 getrocknete Aprikosen
3 entsteinte Datteln
5 Paranusskerne
7 TL Chia-Samen
1 TL gelatiniertes Maca-Pulver
1 TL Reishi-Pulver
1 TL Cordyceps-Pulver
1 Prise Salz

1. Den Tee 40 Min. in 750 ml heißem Wasser ziehen lassen; anschließend beiseitestellen.

2. Tee, Mandelmilch, Kokosmilch und Agavendicksaft in den Mixer geben und etwa 1 Min. auf niedriger Stufe vermischen.

3. Die restlichen Zutaten bis auf das Salz hinzufügen. Auf höchster Stufe 1–2 Min. mixen, bis die Mischung glatt und cremig ist. Eventuell müssen Sie das Gerät

ab und zu stoppen, um die Wände des Behälters innen mit einem Spatel sauber zu schaben. Und möglicherweise ist noch etwas mehr Mandelmilch nötig, damit die Konsistenz stimmt.

4. Das Salz dazugeben und auf niedriger Stufe untermischen. Das Getränk in ein fest verschließbares Glasgefäß geben. Es hält sich im Kühlschrank bis zu 36 Stunden.

ALTERNATIVE FÜR NUSSMILCH-SMOOTHIES WÄHREND EINES CLEANSES

Wer an einer Nussallergie leidet oder Nussmilch als Morgenmilch oder -Smoothie einfach nicht mag, kann stattdessen während eines Cleanses zu einer der kalten Suppe auf den Seiten 131–135 greifen. Eine weitere milchige, eiweißreiche Alternative ist ein einfacher, cremiger, veganer, milch- und nussfreier Joghurt-Smoothie. Dafür einen veganen Bio-Soja- oder Kokosmilchjoghurt mit einer guten Handvoll Beeren und Ihrer bevorzugten milch- und nussfreien Milch mixen. Den Smoothie nach Belieben mit etwas Wasser verdünnen.

TEES UND LATTES

Diese Köstlichkeiten können Sie den ganzen Tag über genießen, etwa nach dem Sport, zur Kaffeestunde oder als Schlummertrunk.

SWEET DREAMS

Kurkuma, Kardamom und Ingwer sind indische Gewürze, die für ihre Heilkräfte bekannt sind. So wirken sie entzündungshemmend, stimmungsaufhellend, entgiftend und entwässernd und sind darüber hinaus reich an Antioxidanzien. Sie lindern zudem Mundgeruch und helfen Ihnen, zur Ruhe zu kommen und zu entspannen. Dieser süße Milchtee ist ideal als wohltuendes Getränk vorm Schlafengehen oder an einem kalten Nachmittag.

Für 2 Portionen
Cleanse-Portionsgröße: 150 ml
Zubereitungszeit: 12 Min.

2 EL Pistazienkerne, 4 Stunden in kaltem oder 20 Min. in kochend heißem Wasser eingeweicht, dann abgegossen, abgespült und abgetropft (Mandel- oder Cashewkerne sind auch eine gute Wahl)
500 ml Mandelmilch (Seite 168)
¼ TL gemahlener Zimt
½ TL geriebene Ingwerwurzel
¼ TL geriebene Muskatnuss
¼ TL gemahlene Kurkuma

¼ TL gemahlener Kardamom
Mark von ½ Vanilleschote
1 TL Honig oder Agavendicksaft

1. Die Kerne mit der Mandelmilch in den Mixer geben. Auf höchster Stufe 1–2 Min. mixen, bis die Mischung glatt ist. Die restlichen Zutaten untermixen.

2. Vor dem Genuss bei schwacher Hitze warm werden, aber nicht kochen lassen. Reste halten sich im Kühlschrank bis zu 3 Tage.

ZITRONE–INGWER–TEE

Ob eine Erkältung im Anmarsch ist oder Sie etwas Belebendes brauchen – dieser Tee ist ideal, wenn man krank oder müde ist. Zitronen sind reich an Vitamin C und B-Vitaminen sowie an Kalzium, Eisen, Magnesium und Kalium, während Ingwer entzündungshemmend wirkt und die Verdauung anregt. Zusammen helfen die beiden, den Körper zu ent-lasten, indem Giftstoffe ausgeschwemmt und die Vitamin- und Mineral-stoffreserven wieder aufgefüllt werden.

Für 2 Portionen
Cleanse-Portionsgröße: 200 ml
Zubereitungszeit: 25 Min.

½ Bio-Zitrone
1 Stück Ingwerwurzel (2–3 cm), gerieben
1 TL Honig oder Agavendicksaft
Bio-Zitronenschale zum Garnieren

1. In einem kleinen Topf 500 ml Wasser aufkochen lassen. Die Hitze reduzieren.

2. Den Saft der Zitronenhälfte in den Topf pressen, die ausgedrückte Hälfte ebenfalls hineingeben.

3. Den Ingwer hinzufügen und das Ganze 7 Min. köcheln lassen. Den Honig oder den Agavendicksaft unterrühren.

4. Den Tee durch ein Sieb in zwei Becher gießen. Mit Zitronenschale garnieren und servieren.

MANDEL-CHAI-LATTE

Dieser Tee fördert die Verdauung und die reichlich enthaltenen Antioxidanzien sollen vor Krankheiten schützen. Er ist eine köstliche und empfehlenswerte Alternative zu herkömmlichen Chai Lattes, die von Milch und Zucker strotzen. Für Veganer ist das Getränk geeignet, wenn Sie den Honig durch Ahornsirup oder Agavendicksaft ersetzen. Genießen Sie das Getränk heiß oder kalt, wann immer Sie eine kleine Auszeit brauchen.

Ergibt 500–750 ml
Cleanse-Portionsgröße: 150 ml
Zubereitungszeit: 15 Min.

800 ml Mandelmilch (Seite 168)
½ TL gemahlener Zimt
¼ TL gemahlener Kardamom
½ TL geriebene Ingwerwurzel
1 Prise schwarzer Pfeffer (nach Belieben)
1 Darjeeling-Teebeutel
3 EL Honig, Ahornsirup oder Agavendicksaft

1. Die Milch mit Zimt, Kardamom, Ingwer und nach Belieben Pfeffer in den Mixer geben und auf niedriger Stufe etwa 1 Min. mixen.

2. Die Mischung in einen kleinen Topf umfüllen und bei schwacher Hitze heiß werden lassen. Das Süßungsmittel unterrühren, bis es sich aufgelöst hat. Mandelmilch erhitzen, bis sich auf der Oberfläche am Topfrand Bläschen zeigen.

3. Den Teebeutel hineingeben und 1 Min. ziehen lassen. Den Mandel-Chai-Latte auf zwei Becher verteilen und genießen!

GERICHTE FÜR DEN GESUNDEN ALLTAG UND EINEN MINI-CLEANSE

Ob Sie sich auf einen Cleanse vorbereiten, einen Cleanse hinter sich haben, während eines Mini-Cleanses mittags oder abends nur eine Suppe essen möchten oder einfach auf der Suche nach gesünderen Gerichten für jeden Tag sind – diese Rezepte sind perfekte Ergänzungen zu unseren Cleanse-Suppen. Hier finden Sie einige unserer Lieblingsgerichte, darunter auch ein paar herrlich sündhafte Vorschläge.

FRÜHSTÜCK

HAFERBREI MIT CHIA-SAMEN & BEEREN

Diese warme Köstlichkeit steckt voller Antioxidanzien, Ballaststoffe und wirkungsvoller Phytonährstoffe für Energie, Ausdauer und Schönheit. Die Vitamin-C-reichen Beeren und die Chia-Samen mit ihren Omega-3-Fettsäuren sind eine Bereicherung für jeden Tag. Das Gute dabei: Das kleine Gericht ist am Morgen im Handumdrehen gemacht. Noch schneller geht's, wenn Sie alle Zutaten in ein Schraubdeckelglas geben und über Nacht im Kühlschrank aufbewahren

Für 2 Portionen
Vorbereitungszeit: 5 Min.
Garzeit: 10 Min.

100 g glutenfreie Haferflocken
150 g Beeren (frisch oder gefroren)
1 EL Chia-Samen
1 EL Kokosflakes
1 EL gehobelte Mandelkerne
Kokos- oder Mandelmilch (Seite 168)
zum Servieren (nach Belieben)
¼ TL Honig oder Agavendicksaft
(nach Belieben)

1. Haferflocken, frische oder gefrorene Beeren, Chia-Samen und Kokosflakes mit 400 ml Wasser in einen kleinen Topf geben. Aufkochen lassen, dann unter gelegentlichem Rühren 5 Min. köcheln, bis die Flocken aufgequollen sind.

2. Das Müsli mit gehobelten Mandeln bestreuen und nach Belieben Mandel- oder Kokosmilch und Honig bzw. Agavendicksaft hinzufügen. Warm oder kalt essen.

SUPERFOOD-MÜSLI MIT ZIMT & BEEREN

Für 1 Portion
Zubereitungszeit: 5 Min.

75 g glutenfreie Haferflocken
1–2 EL Walnuss-, Pekannuss- oder
Mandelkerne, grob gehackt
1 EL frisch gemahlene Leinsamen
oder Chia-Samen
75 g Erdbeeren, Himbeeren oder
Heidelbeeren
1 EL Kokosflakes (nach Belieben)
125 ml Kokos- oder Mandelmilch
(Seite 168)
1 Prise gemahlener Zimt

1. Die Haferflocken mit Nüssen oder Mandeln, Leinsamen oder Chia-Samen, den Beeren und nach Belieben den Kokosflakes in eine Schüssel geben.

2. Kokos- oder Mandelmilch dazugießen und alles verrühren. Sofort genießen.

OMELETT MIT MARKT-FRISCHEM GEMÜSE

Eier enthalten viele wertvolle Nährstoffe wie Vitamin D und B_{12} sowie Cholin und Schwefel, die unter anderem das Immunsystem stärken und die Gehirnfunktion unterstützen. Ein Omelett ist so geschmacksneutral, dass man es wunderbar mit viel saisonalem Gemüse anreichern kann. Dieses hier enthält außerdem Kurkuma (Gelbwurz), das entzündungshemmende und antioxidative Wirkungen hat. Vermutlich trägt Kurkuma dazu bei, das Infarkt- und Krebsrisiko zu senken (bei der Krebstherapie soll es unterstützend wirken), Alzheimer vorzubeugen, Arthritis- und Depressionssymptome zu lindern sowie den Alterungsprozess und den Beginn chronischer Krankheiten zu verzögern

Für 2 Portionen
Vorbereitungszeit: 10 Min.
Garzeit: 10 Min.

4 große Eier
1 Messerspitze gemahlene Kurkuma
Salz, frisch gemahlener Pfeffer
½ TL natives Olivenöl extra
1 Handvoll Babyspinat, gehackt
75 g Cocktailtomaten, halbiert
100 g Grünspargelspitzen, blanchiert
1 TL gehackte frische Kräuter (z. B. Basilikum, Majoran, Thymian) oder Schnittlauchröllchen

1. Die Eier in einer kleinen Schüssel mit Kurkuma und je 1 Prise Salz und Pfeffer verquirlen.

2. Das Öl in einer kleinen beschichteten Pfanne bei mittlerer Hitze heiß werden lassen. Eier hineingießen und in etwa 1 Min. stocken lassen. Anschließend das Gemüse auf dem gestockten Ei verteilen und 1–2 Min. mitgaren.

3. Das Omelett über dem Gemüse zusammenklappen. Auf einen Teller gleiten lassen, halbieren und mit Gerösteten Süßkartoffelstäbchen (siehe rechts) servieren.

GERÖSTETE SÜSSKARTOFFEL-STÄBCHEN

Süßkartoffeln haben eine leichte Süße und strotzen nur so von Ballaststoffen und Vitamin C. Besonders gut schmecken sie, wenn man sie als »Ofen-Pommes« serviert. Das Fruchtfleisch von Japanischen Süßkartoffeln ist weiß und sein Geschmack erinnert an Maronen

Für 2 Portionen
Vorbereitungszeit: 10 Min.
Garzeit: 25 Min.

1 Süßkartoffel (vorzugsweise eine Japanische Süßkartoffel, »Kotobuki«), nach Belieben geschält und in lange,
1 cm dicke Stifte geschnitten
1–2 EL Kokos- oder Olivenöl
Salz
1 TL gehackter Rosmarin (nach Belieben)

1. Den Backofen auf 200 °C vorheizen und ein Backblech mit Backpapier belegen.

2. Die Süßkartoffelstifte in einer Schüssel im Öl wenden, bis sie rundherum davon umhüllt sind. Auf dem Blech verteilen und mit Salz (und nach Belieben mit Rosmarin) bestreuen. Im heißen Ofen in ca. 25 Min. goldbraun rösten.

SALATE UND GEMÜSE

Diese einfachen und leckeren Gerichte können Sie für einen 3-Tage-Mini-Cleanse portionieren. Sie eignen sich gut dafür, sich auf einen Cleanse vorzubereiten oder die Ernährung nach einem Cleanse wieder umzustellen. Wenn Sie Suppen mit Salaten und kleinen Gemüsegerichten ergänzen, gewöhnen Sie Ihren Körper sanft wieder an feste Nahrung und weisen ihm den Weg in eine gesunde Zukunft.

GEBACKENER ROSENKOHL

Im Gegensatz zu den matschigen Röschen, die viele von uns als Kinder essen mussten, sind diese hier schön knackig und geröstet. Rosenkohl liefert reichlich Ballaststoffe, Riboflavin, Magnesium, Phosphor und Kupfer sowie Provitamin A, B-Vitamine, Vitamin C und Vitamin K. Sie unterstützen die Gesundheit von Verdauungstrakt und Herz-Kreislauf-System, lindern Entzündungen, haben bemerkenswerte antioxidative Eigenschaften und wirken dank ihrer fantastischen Inhaltsstoffe stark entgiftend.

Für 4–6 Portionen
Vorbereitungszeit: 5 Min.
Garzeit: 35–40 Min.

500 g Rosenkohl
1 TL natives Olivenöl extra
1 TL Salz
½ TL frisch geschroteter Pfeffer

1. Den Backofen auf 200 °C vorheizen. Inzwischen die Rosenkohlröschen putzen und halbieren, dann in einer großen Schüssel mit Öl, Salz und Pfeffer mischen.

2. Die Kohlröschen in einer Schicht auf ein Backblech legen und im heißen Ofen 20 Min. rösten. Wenden und weitere 15–-20 Min. rösten, bis sie weich (aber noch bissfest) und leicht gebräunt sind.

EDAMAME–PAPRIKA–SALAT

In diesem Gericht – das auch eine köstliche kalte Beilage sein kann –
haben wir eine beachtliche Menge Nährstoffe untergebracht.
Sojabohnenkerne, auch als Edamame bekannt, liefern vollständiges Protein
– genauer gesagt, reichlich essenzielle Aminosäuren. Das sind die Eiweiß-
bausteine, die man mit dem Essen aufnehmen muss. Außerdem bieten sie
Kalzium, Eisen, Phosphor und Natrium sowie Provitamin A und Vitamin C.
Rote Paprikaschoten haben es ebenfalls in sich: Sie enthalten fast das
Dreifache der empfohlenen Tagesmenge an Vitamin C. Dieses Vitamin
ist nicht nur ein hochwirksames Antioxidans, sondern verbessert auch die
Verwertung von Eisen aus pflanzlicher Nahrung. Darüber hinaus sind Paprikaschoten eine gute Quelle für Vitamin B_6 und Magnesium – eine Kombination, die nachweislich Angstzustände lindern kann und zudem entwässert,
was bei Ödemen und Bluthochdruck hilfreich sein kann. Das Betacarotin
(Provitamin A) in roten Paprikaschoten ist gut für die Augen, insbesondere
bei Nachtblindheit. Und die Antioxidanzien in den Schoten können möglicherweise Krebserkrankungen vorbeugen. Damit nicht genug: Paprika lassen
Sie mehr Kalorien verbrennen. Eine Studie hat gezeigt, dass sie den Stoffwechsel ankurbeln, ohne Puls und Blutdruck nach oben zu treiben.
Will noch jemand Nachschlag?

Für 6 Portionen
Vorbereitungszeit: 15 Min.
Kühlzeit: 30 Min.
Garzeit: 20 Min.

185

350 g Edamame (Sojabohnenkerne; frisch oder gefroren)

1 rote Paprikaschote, geputzt und halbiert

150 g Maiskörner (frisch oder gefroren); ersatzweise 1 Avocado (erst schälen und zerkleinern, nachdem das andere Gemüse gegart und gekühlt wurde)

25 g feine Frühlingszwiebelwürfel

2 Knoblauchzehen, zerdrückt

3 TL natives Olivenöl extra

¾ TL Salz

¼ TL frisch geschroteter Pfeffer

2 TL Aceto-Essig

¼ TL geriebene Ingwerwurzel

¼ TL Chiliflocken

1 kleine Handvoll Basilikumblätter, in dünne Streifen geschnitten

1. Den Backofen auf 200 °C vorheizen und ein Backblech mit Backpapier belegen.

2. Die Sojabohnenkerne mit Paprika, Mais, Frühlingszwiebel und Knoblauch in eine große Schüssel geben. 2 TL Öl sowie Salz und Pfeffer untermischen. Wenn Avocado verwendet wird, diese nicht garen (siehe Schritt 5).

3. Die Mischung in einer Schicht auf dem Backpapier verteilen. Im heißen Ofen rösten, bis Sojabohnenkerne und Paprikaschotenhälften braun werden. Herausnehmen und etwas abkühlen lassen.

4. Die Paprikaschote in mundgerechte Stücke schneiden, sobald man sie anfassen kann. Mit der übrigen Mischung vom Blech in eine saubere Schüssel füllen und für etwa 30 Min. in den Kühlschrank stellen.

5. Falls Avocado anstelle von Mais verwendet wird, die Avocado nun schälen. Den Stein entfernen, das Fruchtfleisch würfeln. Mit Balsamico, Ingwer, Chiliflocken, Basilikum und 1 TL Olivenöl zum gekühlten Gemüse geben und untermischen. Den Salat mit Salz und Pfeffer abschmecken.

SPINATSALAT MIT GRANAT-APFEL & WALNÜSSEN

In diesen Salat werden Sie sich verlieben, denn er ist einfach zu machen und unschlagbar köstlich. Süße, saftige Granatapfelkerne, gemischt mit Spinat, gerösteten Walnüssen und einer herrlichen Zitronen-Senf-Vinaigrette. Bestechend sind auch seine Zutaten: Ein Granatapfel liefert etwa 40 Prozent des Tagesbedarfs an Vitamin C; Spinat ist eine ausgezeichnete Vitamin-K-Quelle und enthält nicht nur Betacarotin, sondern auch Magnesium, Folsäure, Mangan und Eisen; und Walnüsse sind reich an Omega-3-Fettsäuren, Kupfer, Mangan und Biotin. Gesünder geht's wirklich nicht!

Für 4 Portionen
Vorbereitungszeit: 15 Min.
Garzeit: 10 Min.

25 g Walnusskernhälften
300 g Blattspinat
Kerne von 1 Granatapfel
ca. 100 ml Zitronen-Senf-Vinaigrette
(siehe rechts)
30 g zerbröckelter Blauschimmel-oder Ziegenkäse (nach Belieben)
1 EL Sonnenblumenkerne (nach Belieben)

1. Den Backofen auf 190 °C vorheizen. Die Nüsse auf einem Backblech verteilen und im heißen Ofen etwa 10 Min. rösten, bis sie duften und leicht gebräunt sind. Herausnehmen und abkühlen lassen.
Alternativ kann man die Nusskerne auch in einer Pfanne ohne Fett unter gelegentlichem Wenden rösten, bis sie braun werden und zu duften beginnen

2. Spinat, Granatapfelkerne und Nüsse in eine Schüssel geben. Mit etwas Zitronen-Senf-Vinaigrette beträufeln und den Salat gut durchmischen. Vor dem Servieren nach Belieben mit Blauschimmel-oder Ziegenkäse und/oder Sonnenblumenkernen bestreuen.

ZITRONEN-SENF-VINAIGRETTE

Ergibt ca. 250 ml
Zubereitungszeit: 10 Min.

60 ml Rotweinessig
2 EL Dijonsenf
1 TL Honig oder Ahornsirup
1 kleine Knoblauchzehe, zerdrückt
1 TL getrockneter Oregano
2 EL frisch gepresster Zitronensaft
½ TL frisch geschroteter schwarzer Pfeffer
½ TL Salz
125 ml natives Olivenöl extra

Alle Zutaten für das Dressing in ein Schraubdeckelglas geben. Das Glas fest schließen und kräftig schütteln. Reste halten sich im Kühlschrank etwa 1 Woche.

BLUMENKOHL–»REIS«

Es kann schwierig sein, ungesunde Lebensmittel vom Speiseplan zu streichen. Leichter ist es, wenn man viele Alternativen dazu in petto hat, wie diesen Reisersatz. Sein großes Plus ist, dass man ihn mit einer Reihe von unterschiedlichen Gewürzen und Zutaten prima variieren kann. Außerdem ist er eine Wohltat für Verdauung, Herz, Gelenke und die allgemeine Gesundheit. Blumenkohl schmeckt zwar nicht wie weißer Reis, aber die Konsistenz ist erstaunlich ähnlich. Statt also nährstoffarmem weißem Reis hinterherzutrauern, sollten Sie sich über die neuen, köstlichen, frischen und gesunden Lebensmittel, die Sie ihrem Körper stattdessen nun zuführen, freuen. Der Blumenkohl lässt sich im Ofen oder in der Pfanne zubereiten.

BLUMENKOHL-»REIS«: OFENMETHODE

Für 4–6 Portionen
Vorbereitungszeit: 10 Min.
Garzeit: 5 Min.

1 Blumenkohl, von Stiel und harten Außenblättern befreit

1. Den Backofen auf 220 °C vorheizen. Falls nötig, braune Stellen vom Blumenkohl abschneiden. Den Blumenkohl halbieren. Die Röschen abschneiden, bis nur noch der Strunk übrig bleibt. Den Strunk wegwerfen.

2. Die Röschen portionsweise in der Küchenmaschine in kurzen Intervallen zerkleinern, bis sie Reiskorngröße haben (oder die Röschen auf der Küchenreibe raspeln).

3. Den »Reis« auf einem oder mehreren Backblechen verteilen, bis die »Körner« in einer Schicht darauf liegen. Im heißen Ofen 10–15 Min. rösten, dabei mindestens einmal wenden. Der Blumenkohl ist gar, wenn die Stücke weich sind und zu bräunen beginnen.

BLUMENKOHL-»REIS«: PFANNENMETHODE

Für 4–6 Portionen
Vorbereitungszeit: 10 Min.
Garzeit: 10 Min.

1 Blumenkohl (siehe oben)
1 EL Oliven- oder Distelöl

1. Falls nötig, braune Stellen vom Blumenkohl abschneiden. Blumenkohl halbieren. Röschen abschneiden, bis nur noch der Strunk übrig bleibt. Strunk wegwerfen.

2. Die Röschen portionsweise in der Küchenmaschine in kurzen Intervallen zerkleinern, bis sie Reiskorngröße haben (oder die Röschen auf der Küchenreibe raspeln).

3. Das Öl in einer großen beschichteten Pfanne erhitzen. Den »Reis« darin unter häufigem Rühren 5–7 Min. braten, bis er außen knusprig und innen weich ist.

»REIS«–VARIATIONEN

Zwiebelreis (Pfannenmethode)

Das Öl in einer Pfanne erhitzen. 1 kleine gewürfelte Zwiebel darin bei mittlerer Hitze 4–6 Min. unter gelegentlichem Rühren glasig dünsten. Den »Reis« mit 1 Prise Salz hinzufügen und bei mittlerer bis starker Hitze wie oben beschrieben braten. Auch köstlich mit Zucchinischeiben, Brokkoliröschen oder Spinat.

Chinesischer Gemüse-Bratreis (Pfannenmethode)

Nach dem Zwiebelreis-Rezept vorgehen. Zu den glasigen Zwiebeln 1 große Handvoll zerkleinertes Gemüse in die Pfanne geben: Erbsen (gern gefroren), Möhrenwürfel, Wasserkastanien und Pak Choi eignen sich bestens. Das Gemüse in etwa 4–6 Min. weich bzw. bissfest garen. Den »Reis« und 2–3 EL Sojasauce unterrühren. Alles noch 5–7 Min. braten, bis der Blumenkohl außen knusprig und innen weich ist.

Zitronenreis (Pfannen- oder Ofenmethode)

Saft und Schale von 1 Bio-Zitrone zum »Reis« geben, während er in der Pfanne gart oder bevor er in den Backofen gegeben wird. Koriandergrün und Zitrone passen gut zusammen. Geben Sie also noch 3 EL gehacktes Koriandergrün an das fertige Gericht (das sorgt für eine Extraladung Antioxidanzien, und außerdem tun Sie noch etwas für Ihre Gesundheit in Sachen Bleiausleitung).

Kräuterreis (Pfannen- oder Ofenmethode)

Robuste Kräuter wie Rosmarin, Thymian, Majoran oder Oregano vor dem Braten oder Rösten zum »Reis« geben. Zarte Kräuter wie Petersilie, Basilikum, Koriandergrün oder Schnittlauch erst 1–2 Min. vor Ende der Garzeit hinzufügen.

Spanischer Reis (Pfannenmethode)

Das Öl erhitzen. Je 1 gewürfelte grüne Paprikaschote, rote Paprikaschote und Zucchini sowie 2 gehackte Knoblauchzehen darin bei mittlerer Hitze unter gelegentlichem Rühren etwa 5 Min. dünsten. Den »Reis« und 125 ml Brühe hinzufügen. Sobald der Blumenkohl weich wird, 140 g Tomatenmark und Gewürze nach Geschmack (z. B. getrockneter Oregano, Safran, Paprikapulver, Chiliflocken und/oder Salz) unterrühren. Das Gericht in weiteren 3–4 Min. fertig garen.

»Käse«-Reis (Pfannen- oder Ofenmethode)

Einfach unsere köstliche, sahnefreie Samtige Käsesauce (Seite 195) unter den gegarten »Reis« mischen.

SAUCEN UND TOPPINGS

Wir alle mögen Käse – fast jedes Gericht wird geschmacklich und von der Konsistenz her interessanter, wenn man ihn hinzufügt. Aus diesem Grund haben wir die beiden folgenden Ersatz-Zutaten entwickelt. Sie sind komplett frei von Milchprodukten und man kann sie für fast alles nehmen: für Fleisch, Gemüse, Kartoffeln, glutenfreie Pasta und sogar für unsere Suppen. Ihr Geheimnis ist die darin enthaltene Nährhefe, die es in Form von Flocken oder als Paste gibt. Sie liefert wertvolles vollständiges Eiweiß und ist eine ausgezeichnete Quelle für Ballaststoffe und diverse B-Vitamine.

VEGANE
PARMESAN-BRÖSEL

Probieren Sie die würzigen Brösel auf unserer Weiße-Bohnen-Suppe (Seite 149) oder auf grünem Gemüse.

Ergibt ca. 100 g
Vorbereitungszeit: 10 Min.
Garzeit: 10 Min.

50 g Pinienkerne
50 g gehobelte Mandeln
1 gestrichener TL Knoblauchpulver
10 g Hefeflocken

1. Den Backofen auf 150 °C vorheizen. Die Zutaten in die Küchenmaschine geben. In kurzen Intervallen mixen, bis Brösel wie geriebener Parmesan entstanden sind. (Nicht zu lange mixen, sonst bildet sich eine klebrige Masse.)

2. Die Brösel auf einem Backblech verteilen und im Ofen 10 Min. rösten, bis sie gebräunt sind und aromatisch duften; alle 3–4 Min. wenden, damit sie gleichmäßig bräunen.

3. Abkühlen lassen, dann in ein fest verschließbares Gefäß füllen. Die Brösel halten sich bei Raumtemperatur bis zu 1 Woche.

SAMTIGE KÄSESAUCE

Diese Sauce ist ideal zu glutenfreier Pasta oder zu Gemüse – und schmeckt ganz besonders gut zu unserem Blumenkohl-»Reis« (Seite 191) oder einfach zu Kartoffeln.

Ergibt ca. 375 ml
Zubereitungszeit: 10 Min.
Garzeit: 10 Min.

40 g Hefeflocken
2 EL glutenfreies Mehl
¼ TL Paprikapulver
¼ TL gemahlener Ingwer
¼ TL gemahlene Kurkuma
2 EL Instant Bio-Gemüsebrühe (ohne Hefe)
125 ml Mandelmilch (Seite 168)
3 EL Tahin
1 EL Zitronensaft
Für mehr Schärfe: 1 Prise Cayennepfeffer (nach Belieben)

1. Die Hefeflocken in einem kleinen Topf mit Mehl, Paprikapulver, Ingwer, Kurkuma und Brühe-Granulat vermischen.

2. Die Mandelmilch sowie 200 ml Wasser, Tahin und Zitronensaft hinzufügen. Bei schwacher bis mittlerer Hitze unter ständigem Schlagen mit einem Schneebesen 2–4 Min. köcheln lassen, bis die Sauce glatt und dickflüssig ist.

3. Falls sie zu dickflüssig wird, die Sauce mit Wasser verdünnen. Wird sie zu dünnflüssig, einfach noch ein paar Hefeflocken unterrühren. Die Sauce vom Herd nehmen und abschmecken.

SUPPEN

Die folgenden Suppen sind gesund und ausgewogen. Sie sind aber keine Cleanse-Suppen, weil sie tierisches Eiweiß, Hülsenfrüchte und/oder Getreide enthalten. Das ist zwar gut für den Körper, aber nicht empfehlenswert, wenn der Verdauungstrakt gerade eine dringend erforderliche Ruhepause einlegt.

SCHARFE GARNELEN-KOKOS-SUPPE

Wer regelmäßig Sport treibt oder viel Muskelmasse hat, braucht mehr Eiweiß, um seinen Körper zu erhalten. Diese köstliche herzhafte Suppe liefert reichlich Eiweiß, viele Vitamine und Mineralstoffe. So geben Sie Ihrem Körper, was er braucht, wenn er es braucht. Für einen Cleanse ist diese Suppe wegen der Garnelen nicht empfehlenswert, für den ganz normalen Alltag ist sie dagegen eine supergesunde Sache.

Für 6 Portionen
Vorbereitungszeit: 15 Min.
Garzeit: 30 Min.

500 g ungeschälte Garnelen
1 Bio-Zitrone
1 Zwiebel, grob gewürfelt
4 Knoblauchzehen, in Scheiben geschnitten
4 Scheiben Ingwer oder Galgant
3 Stängel Zitronengras, von den harten äußeren Schichten befreit,
2 Stängel in dünne Scheiben geschnitten, 1 halbiert
1,5 l Röstgemüse-Brühe (Seite 162)
250 g Reisbandnudeln
1 EL natives Olivenöl extra
2 Schalotten, in Ringen
3 Vogelaugenchilis, fein gehackt (siehe Kasten rechts)
1 rote Paprikaschote, in 1 cm dicken Streifen
5 EL Fischsauce (nach Belieben vegan), mehr zum Abschmecken

1 Dose Kokosmilch (400 g)
8 Thaibasilikumblätter, in Streifen
½ Bund Koriandergrün, die Blätter gehackt
2 Frühlingszwiebeln, in feinen Ringen

1. Die Garnelen schälen, die Schalen aufbewahren. Anschließend mit einer Messerspitze am Rücken jeder Garnele entlangfahren und den dünnen braunen Faden (das ist der Darm) entfernen.

2. Die Garnelen in eine Schüssel legen. Die Zitronenschale darüberreiben und untermischen. Die Garnelen kalt stellen.

3. Garnelenschalen, Zwiebel, die Hälfte des Knoblauchs, Ingwer, die Hälfte des Zitronengrases und Brühe in einen Topf geben. Aufkochen und 15 Min. köcheln lassen.

4. Inzwischen die Reisnudeln in eine Schüssel mit warmem Wasser geben und zudecken. Sie sollten zur gleichen Zeit fertig sein wie die Suppe, also in ungefähr 30 Min.

5. Die Brühe durch ein Sieb in eine Schüssel gießen. Die Rückstände wegwerfen. Das Öl in den jetzt leeren Topf geben und bei mittlerer bis starker Hitze heiß werden lassen.

6. Den restlichen Knoblauch, die Schalotten und die Chilis darin 4–5 Min. dünsten. Die Paprikaschotenstreifen hinzufügen und etwa 5 Min. mitgaren, bis sie gerade eben weich werden.

7. Brühe, Fischsauce und das restliche Zitronengras in den Topf geben. Die Suppe aufkochen, die

Vogelaugenchilis

Diese roten oder grünen, kleinen und sehr scharfen Chilischoten sind reich an Vitaminen, Mineralstoffen und Verbindungen, die antibakterielle, antikarzinogene, analgetische und antidiabetische Eigenschaften haben. Wichtig: Nicht mit den Fingern an die Augen kommen, wenn man die Chilis gerade aufgeschnitten und berührt hat. Es brennt fürchterlich! Halten Sie die Schoten beim Zerkleinern deshalb am Stiel fest (der weggeworfen wird) und nicht mit bloßen Händen.

Kokosmilch dazugießen und die Suppe nur noch schwach köcheln lassen – nicht aufkochen lassen, sonst gerinnt sie.

8. Die Garnelen mit dem Thaibasilikum untermischen und 3–5 Min. garen. Die Suppe nach Belieben mit Fischsauce und Pfeffer abschmecken.

9. Die Nudeln abgießen und auf sechs Bowls oder tiefe Teller verteilen. Die Suppe daraufschöpfen. Mit Koriandergrün und Frühlingszwiebeln garnieren und servieren.

SCHARFE HÜHNERSUPPE

Zwar befürworten wir nicht, viel Fleisch zu essen, doch ein-, zweimal pro Woche tut Fleisch dem Körper durchaus gut. Damit die Sache nicht zu schwer wird, garen wir das Hähnchenfleisch in einer hocharomatischen Brühe, die mit Chilisauce, Essig und Limette abgerundet wird. Ideal für den Feierabend oder für Tage, an denen es hektisch zugeht und Sie durchhalten müssen. Berücksichtigen Sie, dass das Fleisch etwas Zeit zum Marinieren braucht.

(GF) (PK)

Für 4–6 Portionen
Marinierzeit: 15–60 Min.
Vorbereitungszeit: 20 Min.
Garzeit: 30 Min.

125 ml Rotweinessig
2 EL Chiliflocken
3 Hähnchenbrustfilets
2 EL natives Olivenöl extra
4 Knoblauchzehen, in dünnen Scheiben
2 Schalotten, in feinen Ringen
125 g Shiitakepilze, Stiele entfernt, Hüte in Scheiben

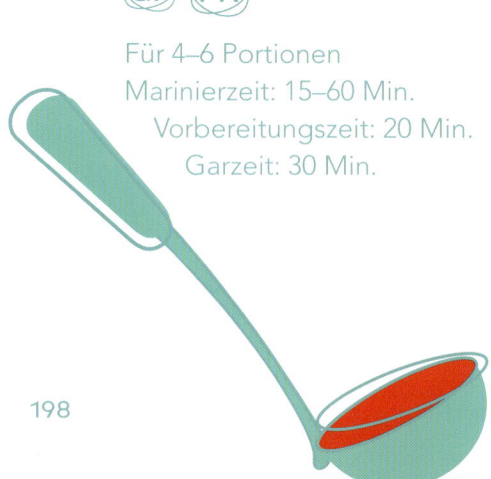

1 Stück Ingwerwurzel (2–3 cm), geschält und fein gehackt
1,5 l Hühnerbrühe (Seite 158)
1 EL frisch gepresster Limettensaft
5 EL Fischsauce
500 g Baby-Pak-Choi, in Streifen
Salz, frisch gemahlener Pfeffer
2 Frühlingszwiebeln, in Ringen
Limettenspalten zum Servieren

1. Für eine Thai-Chilisauce den Essig mit den Chiliflocken in eine kleine Schüssel geben und mindestens 30 Min. ziehen lassen.

2. Das Fleisch trocken tupfen, auf ein Schneidebrett legen und quer zur Faser in etwa 1 cm dicke Streifen schneiden.

3. Die Scheiben in eine kleine Schüssel geben und mit 1–2 EL Chilisauce bedecken. Im Kühlschrank mindestens 15 Min., am besten bis zu 1 Std., marinieren. Da-nach aus der Schüssel nehmen und auf Küchenpapier legen.

4. In einem Topf 1 EL Olivenöl bei mittlerer bis starker Hitze heiß werden lassen. Die Fleischstreifen darin (falls nötig portionsweise) auf jeder Seite 1–2 Min. anbraten. Sobald sie gebräunt sind, mit einer Küchenzange wenden. Wenn

Sie das Fleisch portionsweise braten, müssen Sie evtl. jedes Mal etwas Öl in den Topf geben. Das Fleisch aus dem Topf nehmen und auf einem Teller beiseitestellen.

5. Noch 1 EL Öl in den Topf geben. Knoblauch, Schalotten, Pilze und Ingwer darin unter ständigem Rühren etwa 2 Min. dünsten, ohne dass sie Farbe annehmen. Die Brühe dazugießen. Alles aufkochen, dann 10 Min. köcheln lassen.

6. Das angebratene Fleisch in die köchelnde Hühnersuppe geben und 5–7 Min. darin garen. Limettensaft, Fischsauce und den Pak Choi hinzufügen und die Suppe etwa 2 Min. köcheln lassen, bis der Pak Choi zusammenfällt. Mit Salz, Pfeffer und Chilisauce abschmecken.

7. Die Suppe mit Frühlingszwiebelringen, Limettenspalten und der Chilisauce servieren. Übrig gebliebene Chilisauce hält sich in einem fest verschlossenen Glas ungekühlt 2–3 Tage, im Kühlschrank bis zu 1 Monat.

CORN CHOWDER

Marktfrischer Mais hat einiges zu bieten, unter anderem Antioxidanzien und Ballaststoffe. Zwar gehört diese cremige Suppe, die keinerlei Milchprodukte enthält, nicht zu den eigentlichen Cleanse-Rezepten, doch an normalen Tagen ist sie eine wahre Wohltat.

Für 4–6 Portionen
Vorbereitungszeit: 15 Min.
Garzeit: 30 Min.

Körner von 4 Maiskolben (siehe Kasten unten)
1 Zwiebel, grob gewürfelt
3 Knoblauchzehen, grob gehackt
125 ml Mandelmilch (Seite 168)
3 Möhren, zerkleinert
2 Gelbe Beten, geschält und gewürfelt
1 TL gemahlener Kreuzkümmel
1 TL gemahlener Koriander
1 l Hühnerbrühe (Seite 158) oder Brühe aus Röstgemüse (Seite 162)
200 ml Kokosmilch
1 TL Salz, mehr zum Abschmecken

½ TL frisch geschroteter Pfeffer, mehr zum Abschmecken
6 Frühlingszwiebeln, in Ringen

1. Ein Viertel der Maiskörner mit Zwiebel, Knoblauch und Mandelmilch im Mixer in 1–2 Min. glatt pürieren.

2. Das Püree in einen Topf geben. Möhren, Beten, Kreuzkümmel, Koriander und restliche Maiskörner hinzufügen.

3. Die Brühe angießen. Aufkochen, dann 15–20 Min. köcheln lassen, bis Möhren und Beten weich sind.

Am einfachsten lassen sich die Maiskörner vom Kolben schneiden, wenn man die Kolben flach auf ein Schneidebrett legt und mit dem Messer der Länge nach darüberfährt. Den Kolben um seine Achse drehen und nach jeder Drehung wieder Körner abschneiden.

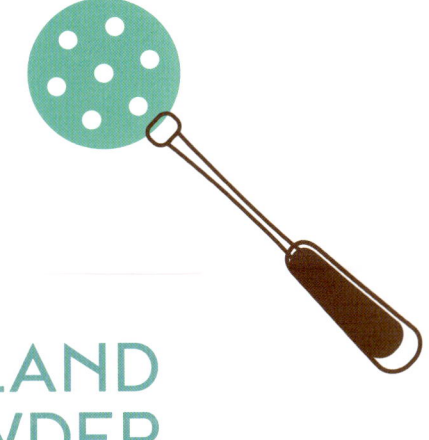

4. Die Kokosmilch unterrühren. Die Suppe jetzt nicht mehr aufkochen lassen, sonst gerinnt sie. Mit Salz und Pfeffer würzen, mit Frühlingszwiebelringen bestreuen und servieren.

NEW ENGLAND FISH CHOWDER

Traditionell wird diese Suppe mit Sahne angereichert. Wir haben für all die Meeresfrüchte-Liebhaber unter Ihnen eine Alternative ausgetüftelt, die ohne Milchprodukte auskommt, aber mit Proteinen und Eisen punktet. Nach dem ersten Löffel werden Sie sich fragen, warum Sie immer meinten, es ginge nicht ohne Sahne.

Für 4–6 Portionen
Zubereitungszeit: 15 Min.
Garzeit: 45 Min.

1 Hummerschwanz
1 Bio-Zitrone, halbiert
500 g Venusmuscheln
1 EL natives Olivenöl extra
4 Knoblauchzehen, gehackt
3 Schalotten, gewürfelt
2 Stangen Staudensellerie, gehackt
¼ TL Chiliflocken
500 ml Brühe aus Röstgemüse
(Seite162)

1 Flasche Clam Juice (8 oz/ca. 250 ml); kann man online bestellen, ersatzweise Hühnerbrühe (Seite 168) nehmen
3 Pastinaken, geschält und gewürfelt
2 TL getrockneter Thymian
1 EL Pfeilwurzelmehl
250 ml Kokosmilch
250 g festfleischiges Fischfilet (z. B. Kabeljau, Seelachs oder Heilbutt), in 1 cm großen Würfeln
500 g Garnelen, geputzt und längs halbiert
Salz, frisch gemahlener Pfeffer

1. Vom Hummerschwanz den Panzer unten mit einer Küchenschere aufschneiden. Das Fleisch herauslösen, in 2–3 cm große Würfel schneiden und in eine Schüssel geben. Den Panzer aufbewahren.

2. Eine Zitronenhälfte in Scheiben schneiden. Diese mit Hummerpanzer, Muscheln und 500 ml Wasser in einen Topf geben. Aufkochen und etwa 5 Min. kochen lassen, bis die Muscheln sich öffnen.

3. Anschließend die Muscheln aus dem Topf in eine Schüssel geben. Den Sud weiterkochen lassen. Muscheln, die sich nicht geöffnet haben, wegwerfen.

4. Aus den offenen Muscheln das Fleisch herausnehmen. Die leeren Schalen in den Topf geben. Das Muschelfleisch jeweils halbieren. Die Schalen weitere 15 Min. auskochen lassen.

5. 1 EL Olivenöl in einem Topf erhitzen. Knoblauch, Schalotten, Sellerie und Chiliflocken darin unter Rühren 5 Min. dünsten, bis das Gemüse weich wird. Den Meeresfrüchtesud durch ein Sieb zur Knoblauchmischung gießen. Gemüsebrühe und Clam Juice bzw. Hühnerbrühe hinzufügen. Die Flüssigkeit aufkochen lassen. Die Pastinaken mit dem Thymian hineingeben und die Suppe weitere 5 Min. kochen lassen.

6. Das Pfeilwurzelmehl in einer Schüssel mit 250 ml heißer Brühe verquirlen. Sobald die Mischung angedickt ist, in die Suppe rühren. So lange rühren, bis die ganze Suppe beginnt anzudicken.

7. Die Kokosmilch in die Suppe gießen. Hummer- und Muschelfleisch, Fisch und Garnelen hinzufügen. Garnelen 4–8 Min. (je nach Größe) in der Suppe garen. Die Suppe mit Zitronensaft, Salz und Pfeffer abschmecken.

RINDFLEISCHSUPPE MIT GERSTENGRAUPEN

Eine wärmende Suppe, die viel zu bieten hat: Gerste schmeckt nicht nur wunderbar nussig, sondern ist zudem reich an Ballaststoffen und deshalb eine Wohl-tat für den Verdauungstrakt: Unerwünschte Bakterien werden ausgeschwemmt, erwünschte gefüttert. Gerste (vor allem Beta-Gerste) trägt außerdem mit dazu bei, dass der Cholesterinspiegel sinkt und die Blutzuckerwerte stabil bleiben. Obwohl Gerste Gluten enthält, kann sie eine Bereicherung für die Ernährung sein, vorausgesetzt, Ihr Organismus verträgt Gluten. Sie wissen ja: uns geht es um Balance. Wenn Ihr Körper damit einverstanden ist, dürfen Sie Gerste also in Maßen zu sich nehmen – allerdings nie während eines Clean-ses. Bekommt sie Ihnen nicht, ersetzen Sie sie durch Naturreis. Auch der kann mit einer Reihe von Vorzügen aufwarten: Unter anderem enthält er schützende Antioxidanzien, senkt Blutzuckerspiegel und Blutdruck, verrin-gert das Infarktrisiko und liefert Ballaststoffe, Ballaststoffe, Ballaststoffe …

Für 8–10 Portionen
Vorbereitungszeit: 45 Min.
Garzeit: 2 Std. 30 Min.

2 EL natives Olivenöl extra
1 Zwiebel, gewürfelt
8 Knoblauchzehen, gehackt
2 Stangen Staudensellerie, gehackt
3 Möhren, in Scheiben
1,5 kg Rinderbeinscheiben
Salz und frisch gemahlener Pfeffer
1,5 l Rinderbrühe (Seite 160)
2 Lorbeerblätter und 1 Bund Thymi-an, zum Strauß zusammengebunden

400 g Tomaten (aus Dose oder Glas)
150 g Rollgerste (Graupen) oder Gourmet-Gerste, ersatzweise 200 g Naturreis

1. In einem großen Topf 1 EL Oliven-öl erhitzen. Zwiebel, Knoblauch, Sellerie und Möhren darin 5 Min. dünsten. Herausnehmen und in einer Schüssel beiseitestellen.

203

2. Das restliche Öl (1 EL) in den Topf geben. Die Beinscheiben salzen, pfeffern und im heißen Öl auf jeder Seite 5 Min. anbraten. Herausnehmen und zum Gemüse geben.

3. Den Bratsatz mit 250 ml Brühe ablöschen und losschaben. Gemüse, Fleisch, Lorbeer, Thymian, restliche Brühe (1,25 l) und die Tomaten mitsamt dem Saft dazugeben. Das Ganze aufkochen und 1 Std. 30 Min. köcheln lassen.

4. Die Beinscheiben aus der Suppe heben und in eine Schüssel geben. Werden Graupen verwendet, diese jetzt in die Suppe geben.

5. Die Rindfleischsuppe aufkochen, anschließend 30–45 Min. köcheln lassen, bis die Graupen weich, aber nicht matschig sind. Falls Naturreis verwendet wird, diesen separat in Wasser nach Packungsangabe garen.

6. Von den Beinscheiben das sichtbare Fett entfernen. Das Fleisch in mundgerechte Stücke zupfen und in die Suppe geben. Mit Salz und Pfeffer abschmecken. Wird Naturreis verwendet, diesen in die Suppe geben, nachdem sie 2 Stunden geköchelt hat.

7. Wenn die Suppe nicht gleich gegessen wird, nehmen die Graupen alle Flüssigkeit auf. Sollten Sie die Suppe im Voraus zubereiten, muss sie beim Aufwärmen mit Brühe verdünnt werden.

MITTAGESSEN

BLATTSALATE MIT ZITRUSWÜRZIGER HÄHNCHENBRUST

Dieser Salat bringt Sie mit antioxidativem Vitamin C aus Zitronen und reichlich Mineralstoffen aus Blattsalat, Gurken und Cocktailtomaten wieder auf die Beine – ein wunderbares Essen nicht nur für mittags. Um Zeit zu sparen, können Sie das Hähnchenfleisch bis zu 1 Tag im Voraus zubereiten. Man kann es übrigens durchaus einmal durch Lachs (aus Wildfang oder Bio-Aquakultur) oder Rindfleisch (aus Weidehaltung) ersetzen.

Für 2 Portionen
Vorbereitungszeit: 15 Min.
Garzeit: ca. 10 Min.

2 EL natives Olivenöl extra (evtl.)
250–300 g Bio-Hähnchenbrustfilet, in 1 cm großen Würfeln
½ TL Salz
¼ TL frisch gemahlener Pfeffer
Saft von 1 Zitrone
1 EL fein gehackter Rosmarin
50 g saisonale Blattsalate (z. B. Rucola, Mesclun, Grünkohl oder Spinat)
100 g Salatgurke, in Scheiben
75 g Cocktailtomaten

1. Sie benötigen Metall- oder Holzspieße; Holzspieße vor der Verwendung 10 Min. einweichen. Den Backofen auf 180 °C vorheizen oder in einer Pfanne 1 EL Öl bei mittlerer bis starker Hitze heiß werden lassen.

2. Die Fleischwürfel auf Spieße stecken. Mit Salz und Pfeffer würzen, dann im heißen Ofen 10–12 Min. garen oder in der Pfanne 6–8 Min. braten; jeweils nach der Hälfte der Zeit wenden. Das Fleisch ist gar, wenn beim Einstechen mit einer

Messerspitze klare Flüssigkeit herausrinnt.

3. Den Zitronensaft in einer Schüssel mit 1 EL Olivenöl und dem Rosmarin verquirlen. Das gegarte Fleisch von den Spießen abziehen und im Zitronen-Dressing wenden.

4. Die Salatblätter auf zwei Teller anrichten. Gurkenscheiben, Cocktailtomaten und die Fleischwürfel darauf verteilen.

5. Jede Portion mit etwas Zitronen-Dressing beträufeln, pfeffern und genießen.

AVOCADO–GEMÜSE–WRAP

Mexikanisch inspirierte Aromen machen aus dieser einfachen vegetarischen Mittagsmahlzeit einen echten Leckerbissen. Wer kann schon cremiger Avocado widerstehen? Vor allem, wenn man weiß, dass sie reichlich hautverschönernde Silicea (Kieselsäure) enthält. Zusammen mit eisenhaltigem Spinat und Salz, das den pH-Wert ausbalanciert, ist dies ein schnelles, leckeres Essen, das Sie bis zum Snack am Nachmittag durchhalten lässt.

 (wenn glutenfreie Tortilla verwendet wird)

 (wenn eine Rohkost-Tortilla verwendet wird)

Fruchtfleisch von ¼ oder ½ kleinen Avocado
1 kleine glutenfreie oder 1 kleine Rohkost-Tortilla
1 Prise Salz
1 Handvoll Babyspinat
25 g Salatgurke, gewürfelt

30 g Möhre, geraspelt, in dünnen Scheiben oder gewürfelt
1 Prise Cayennepfeffer

1. Das Avocadofruchtfleisch auf der Tortilla zerdrücken und mit Salz bestreuen.

2. Das Gemüse daraufgeben. Mit Cayennepfeffer und/oder etwas mehr Salz würzen. Den Wrap aufrollen und sofort genießen.

ABENDESSEN

OFENLACHS MIT AVOCADO-INGWER-MANGO-SALSA

Für 2 Portionen
Zubereitungszeit: 10 Min.
Garzeit 15–20 Min.

4 TL Kokosöl
2 Stücke Lachsfilet aus Wildfang
(je ca.100 g)
Saft von 2 Zitronen
½ TL Salz und ¼ TL frisch geschroteter Pfeffer (nach Belieben)
Avocado-Ingwer-Mango-Salsa (siehe rechts)

1. Den Backofen auf 160 °C vorheizen. Ein Backblech oder eine backofenfeste Gusseisenpfanne mit Kokosöl fetten. (Tipp: Sie können auch Backpapier verwenden – Abwasch leicht gemacht!)

2. Die Lachsfilets auf beiden Seiten mit Zitronensaft beträufeln. Auf das Blech oder in die Pfanne legen und nach Belieben salzen und pfeffern. Im heißen Ofen auf jeder Seite 8–10 Min. garen, bis der Fisch saftig ist und sich leicht zerpflücken lässt. Zum Servieren auf jedes Stück etwas Avocado-Ingwer-Mango-Salsa geben.

AVOCADO-INGWER-MANGO-SALSA

100 g Mangofruchtfleisch und das Fruchtfleisch von 1 Avocado klein würfeln. Mit 1 fein gewürfelten roten Zwiebel, 4 TL gehacktem Koriandergrün, ½ TL gehackter Ingwerwurzel (gemahlener Ingwer geht auch!), 2 TL entkernten, fein gehackten Jalapeño-Chilischoten, ½ TL fein gehacktem Knoblauch sowie 2 TL frisch gepresstem Limettensaft in eine Schüssel geben.
Alles behutsam vermischen. Die Salsa auf den gebackenen Fisch geben. Servieren und genießen!

STIR-FRY MIT HÄHNCHEN, BROKKOLI, SESAM & KNOBLAUCH

Dieses Gericht besticht durch seine Aromen und die Heilkraft asiatischer Zutaten. Sesam beispielsweise liefert Kalzium, Ballaststoffe, Mineralstoffe und Vitamine wie Vitamin B_1; Brokkoli ist eine gute Quelle für Provitamin A, Vitamin C und Eisen; Knoblauch und Ingwer wirken entzündungshemmend. Alles in allem: ein Fest für das Immunsystem!

Für 2 Portionen
Vorbereitungszeit: 10 Min.
Garzeit: 10 Min.

Salz
2 Brokkoli, in 2–3 cm großen Röschen
2 EL Sesamöl
250 g Hähnchenfleisch, in dünnen Scheiben
1 EL frisch geriebener Ingwer
2–3 Knoblauchzehen, zerdrückt
4 EL weizenfreie Tamari oder Coconut Aminos (als sojafreie Alternative; gibt's online zu kaufen)
geröstete Sesamsamen zum Bestreuen

1. In einem Topf 2 l Wasser mit Salz zum Kochen bringen, dann köcheln lassen. Den Brokkoli hineingeben und in 2–3 Min. bissfest garen. Aus dem Wasser heben, auf einen mit Küchenpapier belegten Teller geben und abkühlen lassen.

2. Den Wok oder eine große Pfanne heiß werden lassen. Das Sesamöl hineingeben. Das Fleisch vorsichtig darin 1 Min. braten; erst dann rühren.

3. Nach 3 Min. Ingwer und Knoblauch hinzufügen. Mitbraten, bis Duft aufsteigt. Brokkoli und Tamari oder Coconut Aminos dazugeben.

NATURREIS GAREN

Naturreis liefert reichlich Ballaststoffe und passt hervorragend zum Stir-Fry. Kaufen Sie unbedingt Naturreis in Bio-Qualität: Konventionell angebauter Reis kann mit Arsen belastet sein.

Für 2 Portionen
Vorbereitungszeit: 5 Min.
Garzeit: 40 Min.

200 g Bio-Naturreis
Salz

Den Reis in einem Sieb abspülen. Mit 250 ml Wasser in einen Topf mit fest schließendem Deckel geben. Aufkochen, dann köcheln lassen und zudecken.

30 Min. garen. Den Deckel während dieser Zeit möglichst nicht abheben. Nach 30 Min. prüfen, ob der Reis gar ist und das gesamte Wasser aufgenommen hat. Falls nicht, bis zu 10 Min. länger garen. Vor dem Servieren den Reis mit einer Gabel auflockern.

4. Das Stir-Fry zugedeckt weitere 2–3 Min. garen. Zum Servieren in eine große Schüssel füllen und mit geröstetem Sesam bestreuen. Dazu Naturreis reichen (gilt nicht bei Paleo).

HEILBUTT MIT SÜSSKARTOFFELN

Saftiger Heilbutt und nährstoffreiche Süßkartoffeln (die eine Menge Ballaststoffe und das die Abwehrkräfte stärkende Provitamin A liefern) sind hier in einem deftigen, wohltuenden Gericht vereint, das für jedermann ein Genuss ist. Dazu gibt es grünes Blattgemüse (Rezept siehe rechts), das mit seinem hohen Gehalt an Chlorophyll die Lebensgeister weckt und die Verdauung anregt.

Für 4 Portionen
Vorbereitungszeit: 15 Min.
Garzeit: 35 Min.

1–2 EL natives Olivenöl extra oder Kokosöl
500 g Süßkartoffeln, geschält und in ca. 1 cm dicken Scheiben
4 Stücke Heilbuttfilet (je 100 g) oder anderes festfleischiges Fischfilet
Salz, frisch gemahlener Pfeffer
2–3 Schalotten, in dünnen Ringen

1. Backofen auf 200 °C vorheizen. Eine Auflaufform (22 x 32 cm) mit Öl ausfetten. In einem Topf Wasser aufkochen lassen. Die Süßkartoffeln im sprudelnd kochenden Wasser 10–15 Min. vorgaren, damit sie im Ofen auch durchgaren.

2. Die Fischfilets abspülen und mit Küchenpapier trocken tupfen. Nebeneinander in die Form legen und auf beiden Seiten salzen. Süßkartoffeln und Schalotten darauflegen.

3. Das Ganze mit etwas Öl beträufeln und nach Belieben mit Salz und Pfeffer bestreuen. Im heißen Ofen 35 Min. garen, bis der Fisch durchgegart ist und die Süßkartoffeln weich sind. Dazu gedünstetes Blattgemüse servieren.

GEDÜNSTETES BLATTGEMÜSE

Chlorophyllreiches grünes Blattgemüse wird hier mit Knoblauch (stärkt die Abwehrkräfte) aufgewertet. Mit etwas Salz gewürzt, schmeckt es köstlich und clean.

Für 2 Portionen
Vorbereitungszeit: 10 Min.
Garzeit: 5 Min.

2 TL natives Olivenöl extra
2 Knoblauchzehen, in dünne Scheiben geschnitten
ca. 500 g Grünkohl, Mangold oder Spinat, zerkleinert
Salz und frisch gemahlener Pfeffer

Das Öl in einer großen Pfanne bei mittlerer Hitze heiß werden lassen. Knoblauch darin weich dünsten. Blattgemüse untermischen und in 3–5 Min. zusammenfallen lassen. Es soll kräftig grün sein. Mit Salz und Pfeffer abschmecken.

SNACKS

Nährstoffreiche Snacks helfen, den kleinen Durchhänger am Vor- oder Nachmittag zu überwinden. Sie halten den Stoffwechsel in Gang, die Stimmung im Gleichgewicht, und der Bauch freut sich.

Unsere Snack-Top-Ten

Woher kommt es nur, dass wir immer, wenn wir Heißhunger verspüren, zielgerichtet nach Chips, Keksen oder anderem hochverarbeiteten Snacks greifen? Meist liegt es daran, dass sie überall erhältlich sind und unser plötzliches Verlangen nach Behaglichkeit, Salz und/oder Süßem sofort stillen. Nehmen Sie sich vor, diese Sachen links liegen zu lassen und stattdessen Vorrats- und Kühlschrank mit den folgenden leckeren und nahrhaften To-Go-Snacks zu bestücken, die Ihre guten Vorsätze in Sachen Gesundheit nicht gefährden.

Und, wo wir gerade dabei sind: Bedenken Sie, dass weniger Kalorien mit hoher Nährstoffdichte die bessere Wahl sind. Alles, was Sie brauchen, um bis zur nächsten Mahlzeit durchzuhalten, sind gute, sinnvolle 100 Kalorien. Wir sagten ja bereits, dass wir Kalorienzählen nicht befürworten. Doch wir empfehlen, dass Sie sich dessen bewusst sind, wie viel Sie essen müssen, um sich satt zu fühlen, und wie viele Nährstoffe mit den Kalorien einhergehen (im Gegensatz zu leeren Kalorien aus raffiniertem Zucker und weißem Mehl). Bei den folgenden Snacks haben wir Ihnen das Rechnen bereits abgenommen. Sie enthalten so viel Energie, wie Sie benötigen – und dazu lauter gute Nährstoffe.

1. GETROCKNETE DICKE-BOHNEN-KERNE

Alle, die eine Nussallergie oder eine Glutenunverträglichkeit haben oder eine Alternative zur altbekannten Handvoll Nüsse suchen, sollten statt zu Nüssen zu gerösteten und getrockneten Dicke-Bohnen-Kerne greifen. Sie sind unglaublich gut für das Nervensystem und die Zellfunktion, liefern reichlich Folsäure, Ballaststoffe und Eisen. Sie brauchen nur frische Dicke-Bohnen-Kerne 20–30 Min. in Wasser weich zu kochen. Anschließend abgießen, abtropfen lassen und in ganz wenig Olivenöl wenden. Salzen und pfeffern, dann in einer Schicht auf ein Backblech geben und bei etwa 190 °C im Backofen ca. 25 Min. rösten, dabei alle 10 Min. umrühren.

2. MANDELN UND NÜSSE

Als Snack gefallen uns Mandeln besser als andere Kerne. Sie sind reich an wertvollem Eiweiß und gesunden Fettsäuren. Studien haben gezeigt, dass sie die Herzgesundheit fördern und Diabetes vorbeugen können. Wenn Mandeln gar nicht Ihr Ding sind, können Sie zu Walnuss-, Paranuss- oder Cashewkernen greifen. Oder mischen Sie die Nüsse mit ein paar getrockneten Cranberrys. Wenn Sie Portionen abmessen und in Tütchen füllen, haben Sie immer etwas für unterwegs dabei.

3. BITTERSCHOKOLADE

Wenn Sie gegen Ihren Heißhunger nach Süßem nicht ankommen, sollten Sie zu Bitterschokolade greifen. Sie enthält beachtliche Mengen an Antioxidanzien, kann den Blutfluss verbessern und den Blutdruck senken, das gute Cholesterin erhöhen und das schlechte senken und verringert möglicherweise das Risiko für Herz-Kreislauf-Erkrankungen. Außerdem ist sie einfach lecker. Wählen Sie eine Variante mit 75–80 Prozent Kakaoanteil.

4. ÄPFEL UND ERDNUSSBUTTER

Manchmal ist Erdnussbutter genau das Richtige. In Bio-Qualität, also ohne Transfette, Palmöl und raffinierten Zucker, ist sie sogar gesund. Kombinieren Sie sie mit Apfelspalten – eine wunderbare Kombination von Ballaststoffen, Proteinen und Fett.

5. EDAMAME
Edamame, also Sojabohnenkerne, stecken voller Proteine und Ballaststoffe und sind darüber hinaus heiß oder kalt superköstlich. Gönnen Sie sich 150 g Kerne oder greifen Sie zu 250 g Schoten. Wir verraten Ihnen ein Geheimnis: Wenn man die Kerne direkt aus den Schoten isst, dauert die angenehme Erfahrung viel länger.

6. ERDBEEREN MIT GESCHLAGENER KOKOSSAHNE
Kombinieren Sie 150 g ballast- und nährstoffreiche Erdbeeren mit 2 EL Kokos-Schlagsahne (Seite 227) für eine gesunde kleine Sünde.

7. ROHE GRÜNE WOHLFÜHLSUPPE (SEITE 135)
Haben wir schon erwähnt, wie sehr wir herzgesunde, kaliumreiche Avocados schätzen? Verwöhnen Sie sich nachmittags (oder wann Sie wollen) mit 100 ml von dieser cremigen Suppe, die keinerlei Milchprodukte enthält.

8. CANTALOUPE-MELONE
Eine halbe Cantaloupe-Melone (unsere Lieblingsmelone) sättigt nicht nur – eine halbe Melone ist ganz schön viel Melone –, sondern strotzt auch nur so vor Antioxidanzien und entzündungshemmenden Phytonährstoffen. Hier gibt's keine leeren Kalorien!

9. FÜR ALLE EIER-FANS
Es gibt keinen nahrhafteren (und einfacheren) Snack als ein proteinreiches Ei. Wir kombinieren es gern mit ballaststoffreichem grünem Spargel. Essen Sie zehn Stangen (gegart oder roh) mit einem hart gekochten Ei. Guten Appetit!

10. BABYMÖHREN UND EDAMAME-»HUMMUS«
So einen Hummus (Rezept Seite 218; Foto rechts) wie unseren – der mit diesen fantastischen Sojabohnenkernen gemacht wird –, haben Sie noch nie gekostet. Kombinieren Sie 4 TL davon mit Selleriestangen oder anderer Rohkost, und Sie kommen in den Genuss von echter Gemüse-Power.

EDAMAME-»HUMMUS«

Dies ist vermutlich der köstlichste (und gesündeste!) Dip, den Sie jemals mit rohem Gemüse gegessen, als Brotaufstrich verwendet oder als Sauce unter glutenfreie Pasta gemischt haben. Die Sojabohnenkerne tragen dazu bei, dass der Blutdruck stabil bleibt und sogar Depressionen gelindert werden; heilkräftige Gemüse und Gewürze steuern eine Menge Vitamine und Mineralstoffe bei. Tahin, eine Paste aus ungeschälten Sesamsamen, ist ebenfalls ein unglaubliches Superfood mit zahlreichen Vorzügen: Sie liefert reichlich Kalzium, kann Anämie verhindern, gesundes Zellwachstum fördern, enthält mehr Eiweiß als die meisten Nüsse, unterstützt die Entgiftung über die Leber, sorgt für geschmeidige Haut und Muskeln und hilft beim Abnehmen.

Ergibt 750 ml
Zubereitungszeit: 15 Min.

2 EL natives Olivenöl extra
125 ml frisch gepresster Zitronensaft
2 EL Tahin
350 g ausgelöste Edamame (Sojabohnenkerne)
60 g Babyspinat oder junger Rucola
20 g glatte Petersilie
2 EL feine Zwiebelwürfel
3 Knoblauchzehen
½ TL gemahlener Kreuzkümmel
¼ TL Chiliflocken
1 TL Salz
¼ TL gemahlener schwarzer Pfeffer
½ TL Mohnsamen
1 TL geröstete Sesamsamen

1. Olivenöl mit Zitronensaft, Tahin, Sojabohnen, Spinat oder Rucola, Petersilie, Zwiebel und Knoblauch in Küchenmaschine oder Mixer geben. 1–2 Min. auf höchster Stufe mixen, bis die Mischung ganz glatt ist (sollte sie zu dick werden, 1 EL Wasser untermixen).

2. Kreuzkümmel, Chiliflocken, Salz und Pfeffer hinzufügen und unterarbeiten. »Hummus« abschmecken – er soll richtig würzig sein.

3. In eine Schüssel füllen, mit Mohn und Sesam bestreut servieren. Reste halten sich im Kühlschrank bis zu 4 Tage.

COCKTAILS

Manchmal muss man einfach ein bisschen über die Strenge schlagen. Dürfen Sie auch. Weil es uns immer um Balance geht – selbst dann, wenn wir uns einen wohlverdienten Cocktail gönnen möchten –, reichern wir ihn eben mit ein bisschen Wellness an. Wir haben aus einigen unserer aromatisierten Wässer und kalten Suppen Drinks gemacht, die eine Sünde wert sind.

GRÜNER MARTINI

Wenn Sie schon einen Cocktail trinken, warum sollte er nicht auch hydrieren und gut für Haut und Körper sein? Gurken liefern viel Fisetin, das für die Gehirngesundheit von großer Bedeutung ist. Außerdem enthalten sie Kalium, Magnesium und Ballaststoffe, wirken daher im Körper ausgleichend und beruhigend. Honigmelone hydriert (was einem Kater vorbeugen kann), und Dillpollen unterstützen Leber, Nieren und Milz beim Entgiften.

Für 4 Portionen
Zubereitungszeit: 5–10 Min.

200 ml Wodka
500 ml Kalte Gurken-Melonen-Suppe mit Trauben (Seite 131
Eis
Für die Garnitur
4 Holz- oder Plastikspieße
4 Gurkenscheiben
8 helle Weintrauben

1. Wodka, Suppe und eine Handvoll Eis in einen Cocktail-Shaker oder ein Schraubdeckelglas geben. Kräftig schütteln.

2. Den Drink auf vier Martinigläser verteilen. Für die Garnitur auf jeden Spieß 1 Gurkenscheibe und 2 Trauben stecken. Die Gläser mit den Spießen garnieren.

HEIDELBEER-MOJITO

Heidelbeeren enthalten mehr Antioxidanzien als fast jedes andere Obst, Gemüse und Gewürz. Studien haben gezeigt, dass sie gut für Nerven und Gehirn sind. Und es gibt sogar Hinweise darauf, dass sie die Gedächtnisleistung verbessern. Das ist doch ein ziemlich guter Grund, sich diesen Mojito hier zu gönnen!

Für 2 Portionen
Zubereitungszeit: 5–10 Min.

4 Zweige Minze
250 ml Wasser mit Heidelbeeren & Minze (Seite 130)
4 EL frisch gepresster Limettensaft
6 EL Bourbon
2 TL Agavendicksaft
Eis

1. 2 Zweige Minze in einer kleinen Schale mit einem Kochlöffelstiel oder Stößel andrücken – so wird das Minzearoma freigesetzt.

2. Die zerdrückte Minze mit dem aromatisierten Wasser sowie Limettensaft, Bourbon, Agavendicksaft und Eis in einen Shaker oder ein Schraubdeckelglas geben. Kräftig schütteln.

3. Zwei hohe Gläser halb hoch mit Eis füllen und den Drink darauf verteilen. Mit den restlichen Minzezweigen garnieren.

SUPER WHITE RUSSIAN

Für diese Variante eines klassischen Cocktails brauchen Sie den »Superhero« – unsere Suppe mit der höchsten Nährstoffdichte – sowie Wodka und Kaffeelikör.

Für 6 Portionen
Zubereitungszeit: 5–10 Min.

375 ml »Superhero« (Seite 172)
125 ml Wodka
125 ml Kaffeelikör
Eis

1. Die Zutaten in einen Shaker oder ein Schraubdeckelglas geben und schütteln, bis der Drink eiskalt ist.

2. Eis in Cocktailgläser geben und den Super White Russian darauf gießen.

SÜSSES

Wir sind überzeugt, dass selbst die allerheiligsten Heiligen Süßschnäbel sind und es nicht verwerflich ist, sich ab und zu ein kleines Dessert zu genehmigen. Einige süße Lebensmittel – insbesondere hochwertige Schokolade, Obst und natürliche Süßungsmittel wie Honig und Ahornsirup – sind der Gesundheit sogar zuträglich. Sich ein Dessert zu gönnen, ist eine der vielen Möglichkeiten, gesunde Balance in Ehren zu halten.

SCHOKOLADENSUPPE MIT SALZMANDELN UND KOKOSSCHLAGSAHNE

Schokolade stuft manch einer vielleicht als Junkfood ein. Doch tatsächlich können Bitter- und Zartbitterschokolade einiges für die Gesundheit tun, beispielsweise den Blutdruck und einen zu hohen Cholesterinspiegel senken und die Herzgesundheit erhalten – mit weniger Zucker als Milchschokolade. Wer sich ansonsten gesund ernährt, kann mit dieser Suppe sein Verlangen nach Süßem befriedigen und gleichzeitig etwas für seine Gesundheit tun.

Für 3–5 Portionen
Vorbereitungszeit: 15 Min.
Garzeit: 15 Min.

(Rezeptfortsetzung nächste Seite)

100 g hochwertige Bitterschokolade
(z. B. Valrhona), grob gehackt
2 TL Pfeilwurzelmehl
500 ml Mandelmilch (Seite 168)
250 ml Kokosmilch
Mark von ½ Vanilleschote
1 EL Honig
geschlagene Kokossahne (Seite 227)
Salzmandeln (Seite 226)
Bio-Granatapfelkerne, -Cranberrys
oder -Kirschen (nach Belieben)

1. Einen kleinen Topf 2,5 cm hoch
   mit Wasser füllen. Das Wasser zum
   Köcheln bringen. Die Schokolade
   in eine Metallschüssel geben und
   diese auf den Topf setzen.

2. Sobald die Schokolade fast
   vollständig geschmolzen ist, die
   Schüssel vom Topf nehmen und
   die Schokolade glatt rühren.

3. Das Pfeilwurzelmehl in einen kleinen Topf geben. Unter ständigem
   Schlagen mit einem Schneebesen
   die Mandelmilch dazugießen.

4. So lange schlagen, bis keine
   Klümpchen mehr vorhanden sind.
   Die Mischung bei mittlerer bis
   schwacher Hitze unter ständigem
   Schlagen andicken lassen.

5. Kokosmilch, Vanille und Honig
   dazugeben. Langsam die Schokolade unterrühren.

6. Die Suppe vom Herd nehmen,
   auf Schälchen verteilen (sie ist
   üppig, machen Sie die Portionen
   nicht zu groß!). Die Portionen
   mit etwas geschlagener Kokossahne und ein paar Salzmandeln
   garnieren. Nach Belieben noch
   Granatapfelkerne, Cranberrys
   oder Kirschen hinzufügen.

7. Falls Sie die Suppe im Voraus zubereiten möchten, diese vor dem
   Servieren auf dem heißen Wasser-
   bad erwärmen.

SALZMANDELN

Wenn man Mandelkerne röstet, kommt ihre natürliche Süße zur Geltung, die später durch Salz noch hervorgehoben wird. Diese süß-salzige Kombination eignet sich prima als Snack oder zum Garnieren von Desserts.

30 g Mandelkerne, grob gehackt
1 TL natives Olivenöl extra
1 TL Salzflocken

Die Mandeln in einer kleinen Pfanne bei mittlerer Hitze unter Rühren 7–10 Min. rösten, bis sie duften und gebräunt sind. Das Olivenöl dazugießen und unterrühren. Die Salzflocken untermischen. Die Mandeln abkühlen lassen und servieren

GESCHLAGENE KOKOSSAHNE

Es gibt kaum etwas Dekadenteres als dicke, cremige Kokosmilch, die für ein süßes Topping aufgeschlagen wurde.

1 kleine Dose Kokosmilch mit mind. 60 % Kokosanteil (200 ml; gut durchgekühlt)
Mark von 1 Vanilleschote

Eine Schüssel für 5 Min. ins Tiefkühlgerät stellen. Die Dose öffnen. Die dick-cremige Schicht, die sich auf der Kokosmilch abgesetzt hat, abnehmen und in die gekühlte Schüssel geben. Vanille hinzufügen und die Kokoscreme mit dem Handrührgerät schlagen, bis sie steif wird und sich weiche Spitzen bilden.

MANDELFRUCHTFLEISCH-MAKRONEN

Ergibt 14–16 Makronen
Vorbereitungszeit: 15 Min.
Backzeit: 20–30 Min.

4 Medjool-Datteln, entsteint und
grob zerkleinert (oder 125 ml Ahornsirup oder Agavendicksaft)
250 ml gut ausgepresstes Mandelfruchtfleisch (Rückstände von der
Mandelmilch auf Seite168) oder
die Rückstände von einer anderen
Nussmilch
1 Messerspitze Salz
4 EL Öl (Kokosöl schmeckt am
besten)
70 g Kokosraspel
Mark von 1 ½ –2 Vanilleschoten
1 Messerspitze gemahlener Zimt
(nach Belieben)

1. Den Backofen auf 180 °C vorheizen und ein Backblech mit Backpapier belegen.

2. Datteln und Mandelfruchtfleisch in
die Küchenmaschine geben und
in kurzen Intervallen mixen. Salz,
Öl, Kokosraspel, Vanille und nach
Belieben Zimt hinzufügen und in
kurzen Intervallen untermixen; die
Masse muss nicht völlig glatt sein.

3. Die Masse mit einem Esslöffel
in 14–16 Portionen auf das Backblech setzen. Im heißen Ofen
20–30 Min. backen, bis die Makronen an den Rändern ganz leicht
gebräunt sind; währenddessen
regelmäßig kontrollieren.

SAHNEFREIE EISLUTSCHER

Draußen ist es heiß, und Sie machen langsam schlapp? Die Kinder betteln um was Süßes? Vergessen Sie die Eisdiele. Greifen Sie lieber zu diesen Eislutschern aus Gemüse und Obst – Ihr Körper wird es Ihnen danken. Und das Allerbeste zum Schluss: Sie können jede unserer kalten Suppen als Grundlage für Eislutscher verwenden.

ERDBEER-MANDEL-EISLUTSCHER MIT CHIA-SAMEN

Ergibt 4–6 Lutscher
Vorbereitungszeit: 10 Min.
Gefrierzeit: 4–8 Std.

300 g Erdbeeren, geputzt
1 EL Honig, Ahornsirup oder Agaven-dicksaft
250 ml Mandelmilch (Seite 168) oder Kokosmilch
1 EL Chia-Samen
Mark von 1 Vanilleschote

1. Die Erdbeeren mit ½ TL Honig, Ahornsirup oder Agavendicksaft im Mixer in 1–2 Min. glatt pürieren.

2. Die Mandel- oder Kokosmilch in einer Schüssel mit Chia-Samen, Vanille und ½ TL Süßungsmittel verrühren.

3. In die Eislutscherformen je 1–2 EL Erdbeerpüree geben; darauf 1–2 EL Milchmischung gießen. Wiederholen, bis die Formen gefüllt sind.

4. Die Lutscher 4–8 Stunden einfrieren, bis sie ganz fest sind. Damit sie sich leichter aus den Formen lösen lassen, ein paar Sekunden (nicht länger, sonst schmilzt das Eis) warmes Wasser über die Böden der Formen laufen lassen.

229

PISTAZIEN-BANANEN-EISLUTSCHER

Ergibt 4–6 Lutscher
Vorbereitungszeit: 10 Min.
Gefrierzeit: 4–8 Std.

250 g Bananen, in Scheiben
1 EL Honig, Ahornsirup oder
Agavendicksaft
250 ml Pistazienmilch (Seite 171)
oder Kokosmilch
Mark von 1 Vanilleschote

1. Die Bananenscheiben mit ½ TL Honig, Ahornsirup oder Agavendicksaft im Mixer in 1–2 Min. glatt pürieren.

2. Die Pistazien- oder Kokosmilch in einer Schüssel mit Vanille und ½ TL Süßungsmittel verrühren.

3. In die Eislutscherformen je 1–2 EL Bananenpüree geben und darauf 1–2 EL Milchmischung gießen. So lange wiederholen, bis die Formen gefüllt sind.

4. Die Lutscher 4–8 Stunden einfrieren, bis sie ganz fest sind.

5. Damit sich die Lutscher leichter aus den Formen lösen lassen, ein paar Sekunden (nicht länger, sonst schmilzt das Eis) warmes Wasser über die Böden der Formen laufen lassen.

AVOCADO-GRÜNTEE-EISLUTSCHER

Ergibt 4–6 Lutscher
Vorbereitungszeit: 10 Min.
Gefrierzeit: 4–8 Std.

Fruchtfleisch von 3 reifen Avocados
400 ml Kokosmilch
1½–2 EL Agavendicksaft (ganz nach
Geschmack)
Mark von 1 Vanilleschote
1½ EL Matcha-Pulver

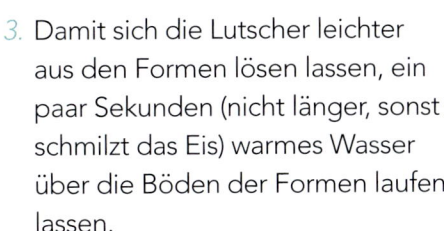

1. Das Avocadofruchtfleisch mit der Kokosmilch im Mixer in 1–2 Min. glatt pürieren. Eventuell die Mischung anschließend noch mit einem Kochlöffel durchrühren. Agavendicksaft, Vanille und Matcha-Pulver hinzufügen und untermixen.

2. Die Eislutscher-Mischung in Formen* füllen und 4–8 Stunden einfrieren, bis sie ganz fest ist.

3. Damit sich die Lutscher leichter aus den Formen lösen lassen, ein paar Sekunden (nicht länger, sonst schmilzt das Eis) warmes Wasser über die Böden der Formen laufen lassen.

*Freiliegende Bereiche werden braun. Deshalb Formen mit Deckel verwenden.

DANKSAGUNGEN

Es waren viele ganz besondere Menschen, die uns auf unserer stürmischen Reise bis zum Erscheinen dieses Buchs begleitet haben. Bei allen möchten wir uns bedanken:

Bei Kelsey De Gracia, der so mit Leib und Seele bei der Sache ist wie kein anderer unserer Angestellten. Er arbeitet weiterhin für uns und gibt inspirierende Hinweise zu unserem Cleanse, zu Ernährungs- und Gesundheitsthemen.

Bei den vielen begabten Köchinnen und Köchen, denen Ernährung, Gesundheit und Qualität wirklich am Herzen liegen, von Nicki Reiss und David Schlosser über Dale Greenblatt bis zu Joli Robinson. Ihre Beiträge und ihre Sachkenntnis haben Soupure zu dem gemacht, was es heute ist.

Bei Artdirector und Website-Manager Brielle Hubert, die (mit Lara Avila) zahllose Stunden damit beschäftigt war, uns beim Aufbau von Soupure zu unterstützen und unser Corporate Design unglaublich clean, modern und stilvoll gestaltet hat. Und bei unserer Expertin für soziale Netzwerke, Lennisse Ambriz, die uns in den sozialen Netzwerken sichtbar gemacht und so zu unserem unglaublichen Wachstum beigetragen hat.

Bei unserem Medizin-Team für die fachkundige Beratung – darunter Dr. Nada Milosavljevic, Dr. Farshid Rahbar, Dr. Charles Sophy, Dr. Harold Lancer, Dr. Whimsy Anderson und Dr. Catherine Kaitzin. Dr. Milosavljevic danken wir zusätzlich herzlichst für das Vorwort.

Bei unseren Ernährungsexperten wie Marlyn Diaz, die uns beraten und sicherstellen, dass unsere Qualitätsansprüche erfüllt werden, und Annie McRae und Jennifer Cassada, die uns Loblieder singen und uns enorm dabei unterstützt haben, bekannt zu werden.

Bei Richard Giorla, dessen grenzenloser Enthusiasmus, Energie und Glaube an die Sache uns immer weiter voranbringt.

Bei Michael and Michelle Chiklis dafür, dass sie an uns glauben, seit sie zum ersten Mal unsere Suppen gekostet haben. Wegen ihrer Liebe zu unseren Produkten wurden sie unsere ersten Investoren, unsere besten Kunden und unsere besten Unterstützer.

Bei unseren engagierten Angestellten, die zu uns gestanden und die Wachstumsschmerzen mit uns durchlitten haben: Kelsey De Gracia, Joli Robinson, Rene Banuelos, Oscar Sanchez, Chris Weinstein, Trever Noble, Brielle Hubert, und Lara Avila.

Bei unserer Literaturagentin Meg Thompson und bei Sarah Pelz, unserer Redaktuerin bei Grand Central Life & Style. Sie wissen, dass wir es ehrlich meinen, wenn wir sagen, dass wir ohne die beiden nicht hier wären.

Bei dem Fotografen Victor Boghossian und der Stylistin Robin Tucker, die (assistiert von unserer Brielle Hubert) uns geholfen haben, die schönen Bilder in diesem Buch zu erschaffen.

Und schließlich bei unseren Ehemännern, Dan Blatteis und Nathan Hochman, für ihre Liebe, ihr unerschütterliches Vertrauen und ihre fortwährende Unterstützung, die uns durch diese unglaubliche Reise getragen haben. Und bei unseren Kindern, Jacqlyn, Sabrina und Hudson Blatteis und Tyler, Harrison und Brynn Hochman, die uns unterstützt und an uns geglaubt haben und jederzeit bereit waren, eine Suppe zu probieren – ganz egal, wann es war, wo es war oder welche neue Zutat wir gerade testeten!

REGISTER

Projektleitung: Claudia Bruckmann
Übersetzung: Regine Brams, Stein im Jauntal
Lektorat: Cornelia Klaeger, München
Rezeptfotos: Victor Boghossian; Dorothee Gödert (S. 156,158, 159, 160, 161, 163)
Layout und Umschlaggestaltung: Martina Baldauf, herzblut02 GmbH
Zeichnungen: istockphoto (bluebearry)
Satz: Christiane Hunstein, CH Format, München
Herstellung: Markus Plötz

Druck und Bindung: F+W Druck- und Mediencenter, Kienberg
Repro: Repro Ludwig, Zell am See
Printed in Germany

1. Auflage 2016

ISBN 978-3-8338-5683-9

GRÄFE
UND
UNZER

Ein Unternehmen der
GANSKE VERLAGSGRUPPE

www.graefeundunzer-verlag.de
www.facebook.com/gu.verlag